姬翔 宋姝 武欣 著

物华天宝

良渚古环境与动植物

良渚文明丛书

Liangzhu Civilization Series

Essence and Treasures

The Paleoenvironment,
Plants and Animals of Liangzhu

ZHEJIANG UNIVERSITY PRESS
浙江大学出版社

图书在版编目（CIP）数据

物华天宝：良渚古环境与动植物 / 姬翔，宋姝，武欣著.
—杭州 ：浙江大学出版社，2019.7（2024.7重印）
　（良渚文明丛书）
　ISBN 978-7-308-19226-2

　Ⅰ．①物… Ⅱ．①姬… ②宋… ③武… Ⅲ．①良渚
文化—研究 Ⅳ．①K871.134

中国版本图书馆CIP数据核字（2019）第112145号

物华天宝：良渚古环境与动植物

姬翔、宋姝、武欣　著

出 品 人	鲁东明	
策 划 人	陈丽霞	
丛书统筹	徐 婵　卢 川	
责任编辑	张 婷	
责任校对	沈 倩　杨利军	
装帧设计	程 晨	
排　　版	杭州林智广告有限公司	
出版发行	浙江大学出版社	
	（杭州市天目山路148号　　邮政编码　310007）	
	（网址：http://www.zjupress.com）	
印　　刷	浙江省邮电印刷股份有限公司	
开　　本	880mm×1230mm　1/32	
印　　张	6.75	
字　　数	120千	
版 印 次	2019年7月第1版　2024年7月第5次印刷	
书　　号	ISBN 978-7-308-19226-2	
定　　价	58.00元	

良渚与中华五千年文明

刘　斌

　　时间与空间真是奇妙的组合，当我们仰望星空，看到浩瀚的宇宙，那些一闪一闪的星星，仿佛恒久不变地镶嵌在天幕中。然而，现代科学告诉我们，光年是距离单位，宇宙深处星星点点射向我们的光线，来自遥远的过去。原来，时空的穿越，不过是俯仰之间。

　　考古，同样是这种俯仰之间的学问，由我们亲手开启的时光之门，将我们带回人类历史中每一个不同的瞬间。而距今 5000 年，就是一个特殊的时间点。

　　放眼世界，5000 年前是个文明诞生的大时代。世界上的几大流域，不约而同地孕育出早期文明，比如尼罗河流域的古埃及文明、两河流域的苏美尔文明、印度河流域的哈拉帕文明。那么，5000 年前的中华文明在哪里？这个问题困扰学界甚久。按照国际上通行的文明标准，城市、文字、青铜器……我们逐一比对，中国的古代文明似乎到出现了甲骨文的商代为止，便再难往前追溯了。

考古学上，我们把文字之前的历史称为"史前"。在中国的史前时代，距今 1 万年以来，在辽阔版图的不同地理单元中，就开始演绎出各具特色的文化序列。考古学上形象地称之为"满天星斗"。然而，中国的史前时代长久以来被低估了。一直以来，我们都是以夏商为文明探源的出发点，以黄河文明作为中华文明的核心，无形中降低了周围地区那些高规格遗迹遗物的历史地位，比如辽西的红山文化、江汉地区的石家河文化、太湖流域的良渚文化、晋南的陶寺文化、陕北的石峁遗址……随着探源脚步的迈进，我们才渐渐发现，"满天星斗"的文化中，有一些已然闪现出文明的火花。"良渚"就是其中一个特殊的个案。

大约在 5300 年前的长江下游地区，突然出现了一个尚玉的考古学文化——良渚文化。尽管在它之前，玉器就已广受尊崇，但在此时却达到空前的繁荣。与以往人们喜爱的装饰玉器不同，良渚人的玉器可不仅仅是美观的需要。这些玉器以玉琮为代表，并与钺、璜、璧、冠状饰、三叉形器、牌饰、锥形器、管等组成了玉礼器系统，或象征身份，或象征权力，或象征财富。那些至高无上的人被埋葬在土筑的高台上，配享的玉器种类一应俱全，显示出死者生前无限的尊贵。礼玉上常见刻绘有"神徽"形象，用以表达良渚人的统一信仰。这些玉器的拥有者是良渚的统治阶级，他们相信自己是神的化身，行使着神的旨意，随葬的玉器种类和数量显示出他们不同的等级和职责范围。我们在杭州余杭的反山、瑶山，常州武进的寺墩，江阴的高城墩，上海的福泉山等遗址中，都发现了极高等级的墓群。这就似乎将良渚文化的分布范围分割成不同的统治中心，呈现出小邦林立

　　的局面。然而，历史偏偏给了余杭一个机会，在反山遗址的周围，越来越多的良渚文化遗址被发现，这种集中分布的遗址群落受到了良好的保护，使得考古工作得以在这片土地上稳步开展。到今天再来回望，这为良渚文明的确立提供了必要的前提。否则，谁会想到零星发现的遗址点，竟然是良渚古城这一王国之都的不同组成部分。

　　今天，在我们眼前所呈现的，是一个有 8 个故宫那么大的良渚古城（6.3 平方公里）。它有皇城、内城、外城三重结构，有宫殿与王陵，有城墙与护城河，有城内的水路交通体系，有城外的水利系统，作为国都，其规格已绰绰有余。除了文字和青铜器，良渚文化在各个方面均已达到国家文明的要求。其实，只要打开思路，我们会发现，通行的文明标准不应成为判断一个文化是否进入文明社会的生硬公式。青铜器在文明社会中承载的礼制规范的意义，在良渚文化中是体现在玉器上的。文字是记录语言、传承思想文化的工具，在良渚文化中，虽然尚未发现文字系统，但那些镌刻在玉礼器上的标识，也极大程度地统一着人们的思想，而大型建筑工事所反映出的良渚社会超强的组织管理能力，也透露出当时一定存在着某种与文字相当的信息传递方式。因此，良渚古城的发现，使良渚文明的确立一锤定音。

　　如今，良渚考古已经走过了 80 多个年头。从 1936 年施昕更先生第一次发现良渚的黑皮陶和石质工具开始，到今天我们将其定义成中国古代第一个进入早期国家的区域文明；从 1959 年夏鼐先生提出"良渚文化"的命名，学界逐渐开始了解这一文化的种种个性特点，到今天我们对良渚文明进行多领域、全方位的考古学研究与阐释，良渚的国家形态愈发丰满起来。这一系列丛书，主要是由浙江省文物考古研究所致力于良渚考古的中青年学者，围绕近年来杭州市余杭区瓶窑镇良渚古城遗址的考古发现与研究，集体编纂而成，内含极其庞大的信息量。其中，包含有公众希望了解的良渚古城遗址的方方面面、良渚考古的历程、良渚时期古环境与动植物信息、代表了良渚文明最高等级墓地的反山王陵、为人们津津乐道的良渚高等级玉器、供应日常所需林林总总的良渚陶器……还有专门将良渚置于世界文明古国之林的中外文明比对，以及从媒体人角度看待良渚的妙趣横生的系列报道汇编。相信这套丛书会激起读者对良渚文明的兴趣，从而启发更多的人探索我们的历史。

可能很多人不禁要问：良渚文明和中华文明是什么样的关系？因为在近现代历史的观念里，我们是华夏儿女，我们不知道有一个"良渚"。其实，这不难理解。我们观念里的文明，是夏商以降、周秦汉唐传续至今的，在黄河流域建立政权的国家文明，是大一统的中华文明。考古学界启动"中华文明探源工程"，为的就是了解最初的文明是怎样的形态。因此，我们不该对最初的文明社会有过多的预设。在距今 5000 年的节点上，我们发现了良渚文明是一种区域性的文明。由此推及其他的区域，辽西可能存在红山文明，长江中游可能存在石家河文明，只是因为考古发现的局限，我们还不能确定这些文明形态是否真实。良渚文明在距今 4300 年后渐渐没落了，但文明的因素却随着良渚玉器得到了有序的传承，影响力遍及九州。由此可见，区域性的文明实际上有全局性的影响力。

人类的迁徙、交往，从旧石器时代开始从未间断。不同规模、不同程度、不同形式的人口流动，造成了文化与文化间的碰撞、交流与融合。区域性的文明也是一个动态的过程。目前来看，良渚文明是我们所能确证的中国最早文明，在这之后的 1000 多年，陶寺、石峁、二里头的相继繁荣，使得区域文明的重心不断地发生变化。在这个持续的过程中，礼制规范、等级社会模式、城市架构等文明因素不断地传承、交汇，直至夏商。其实，夏商两支文化也是不同地区各自演进发展所至，夏商的更替，其实也是两个区域性文明的轮流坐庄，只是此时的区域遍及更大的范围，此时的文明正在逐鹿中原。真正大一统的中央集权国家，要从秦朝算起。这样看来，从良渚到商周，正是中华文明从区域性文明向大一统逐步汇聚的一个连续不断的过程，万万不可将之割裂。

2019 年 5 月于良渚

目录　Contents

第二章　良渚遗址的动物世界

第三章　良渚遗址的植物乐园

Essence and Treasures:
The paleoenvironment, plants
and animals of Liangzhu

物华天宝：良渚古环境与动植物

第一章　良渚遗址的气候环境

Essence and Treasures:
The paleoenvironment, plants and animals of Liangzhu

一　人与自然

（一）气候与历史

地球的年龄差不多有 46 亿岁，其间发生的故事数不胜数。

而人类，现在一般认为，是在几百万年前从古猿进化而来的，现代智人则诞生于十几万年前。而人类文明历史，从文字的出现到现在，仅仅五六千年。与地球历史相比这不过沧海一粟，人类文明的进程，也并非一帆风顺。

大约 5000 多年前，两河流域（幼发拉底河和底格里斯河流域平原，这两条河现流经土耳其、叙利亚、伊朗、伊拉克等国，主体位于伊拉克境内）的苏美尔人创造了以楔形文字而为人所知的苏美尔文明。此时，在非洲东部和北部的尼罗河流域，古埃及文明也已出现，之后埃及第一王朝建立。稍晚些时候，在印度河的哺育下，哈拉帕文明在今天的巴基斯坦境内发展壮大。作为"四大文明古国"之一的中国，在这个时间点上必然不会缺席。在环太湖地区，精于制玉的良渚文化出现了。随着最近十余年来，良渚古城及外围水利系统不断被考

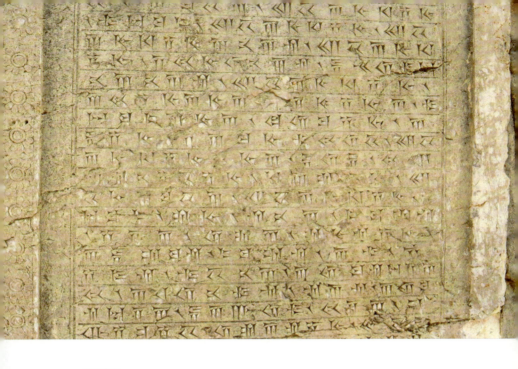

楔形文字

古发现，人们开始意识到，良渚文化是中华文明的重要源头之一。

5000 年前，地球又是怎样的一种样貌呢？

其实，从动辄上百万年的地质尺度上来说，5000 年的时间还不足以让地球发生很大的变化。5000 年前，山还是山，海还是海。但是，一些相对细微的变化还是有的。比如说，海平面的高度、海岸线的位置、气温、降水等。我们现在所处的时代，从地质学上来说，属于第四纪中的全新世。第四纪起始于距今 200 万年前，划分为更新世（200 万年前 ~1 万年前）和全新世（1 万年前至现在）。在更新世时期，出现了如猛犸象这样的巨型哺乳类，末期则出现了现代人类。而

电影《后天》中的场景

全新世，则是人类活动比较活跃的时期。第四纪是一个大冰期，所谓大冰期，就是气候极度寒冷，南北两极冰盖厚度大、分布范围广的时期。著名的科幻电影《后天》，其故事背景就是大冰期的到来。当然，大冰期的到来并不会像电影中描述的那样迅速。

也许你会说，我们现在气候挺温暖的，怎么会是冰期呢？

因为即便是大冰期也不是绝对的完全的冰期，其中仍然存在次一级的冰期——间冰期的交替变化。系列动画电影《冰河世纪》的第二部《冰河世纪：消融》，其故事背景中冰川开始融化，就是间冰期来到的表现。第四纪末期冰期（距今最近的一次冰期，11万~1万年前）以后，气候迅速变暖，进入了全新世间冰期。也就是在这1万年里，人类迅速发展了起来。

然而就像前面说的，大冰期里有冰期—间冰期的循环，气候变化在不同的时间尺度上都是存在的。一年有四季变换，一日有早中晚的温度变化。全新世以来，气候也有几个不同的变化阶段。在距今10000~8000年，气温迅速上升，接近现代水平并发生小幅度的冷暖波动。这时候，已经出现了一些早期的新石器文化，比如浙江的上山文化（最早约1万年前）就是在这个时候出现的。距今8000~4000年的全新世中期，是一个较现代更为温暖的时期，浙江境内出现了跨湖桥文化（8000年前）、河姆渡文化（7000年前）等。其中在距今6000年前后，气候最为温暖，当时中高纬度地区陆地上的平均气温要比现在高2~3℃。也就是在这个时期，世界上的四大文明逐渐发展起来了，而良渚作为当时中华大地上最为璀璨的星星之一，也是在这以后（约 5300 年前）于杭嘉湖平原之上慢慢升起的。近 4000 年来，全新世气候整体呈现变冷的趋势，气温下降到现代的水平，良渚文化的没落（约 4300 年前）差不多就是在这个时期（因为早期测年数据没有做树轮校正，会与实际存在 10% 左右的偏差）。此外，在最近 1000 多年里，还出现了较现代略为温暖的"中世纪暖期"（10~13 世纪，气温比现在高约 1℃，中国的北宋开始到元朝结束）和比现在更为寒冷的"小冰期"（16 世纪早期至 19 世纪中后期，明朝末期到清朝末年）。最近一百多年来，全球开始有了大量的关于气温观测的系统记录。根据这些记录，总的趋势是，19 世纪晚期到 20 世纪 40 年代，世界气温曾出现明显的波动上升现象；20 世纪 40 年代到 60 年代，世界气候有轻微的变冷；20 世纪 70 年代以来，世界气候又变暖，80 年代以来更为突出。这最近一百多年的气候变化，受到人类干扰的程度越来越强，为人熟知的就是"温室效应"。这也是地球自诞生的数百万年来，人类头一次对全球气候变化产生了影响。在这之前，人类社会的发展以及文明的进程，或多或少，都受到气候环境的制约。

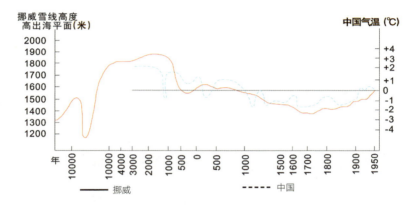

10000 年来挪威雪线高度（实线）与 5000 年来中国气温（虚线）变迁（竺可桢）

　　距今约 4000 年前，全球气候进入了连续几个世纪的寒冷时期，这也是近 5000 年间的第一个小冰川期。这次气候变迁又被称为"4000 年前事件"，在全球范围内产生了深远的影响。美索不达米亚地区的人类，放弃了南部的农耕居住地，印度河河谷的人们向东迁徙到季风降雨较多的地区，撒哈拉地区的游牧民族有的向南迁徙到草原地带，有的则向东迁徙到尼罗河河谷。在中国，此时的良渚渐渐没落，大禹因治水有功，接受舜的禅让，最终建立夏朝。距今 3800~3200 年，中国的气候开始变得温暖潮湿，夏朝覆灭而商朝建立。距今 3200~2600 年，地球进入了第二个小冰川期，气候变得寒冷干燥，北方的人开始往南迁移，这段时期，周人推翻了商朝，建立了周朝，并继续对抗外来侵略和国内叛乱。2700 多年前，气候再度开始变得温暖潮湿起来，"褒姒一笑"，覆灭了西周，周朝迁都洛阳，自此进入了逐渐分裂的春秋战国时期。约 2200 年前，刘邦项羽推翻了短命的秦朝，后刘邦击败项羽建立汉朝。2000~1400 年前，地球进入了近 5000 年里的第三个寒冷干燥的小冰川期，王莽借着 2000 年前的这股寒流，谋朝篡位，建立了持续 15 年的新朝，随后又被汉朝宗室后裔刘秀推翻，东汉建立。东汉政权统治了 200 年后，中国进入了三国两晋南北朝。魏晋时期，社会名流们热衷于食用"五石散"，此物食后身体发热，这股风潮想必和天气寒冷多少有些关系。约 1400~700 年前，温暖湿润的气候再度降临，隋唐借着公元 600 年前后的这股春风统一了中华大地。适宜的气候，使得农牧业得到迅速发展，唐朝也兴盛了起来。这段温暖湿润的气候持续了差不多 700 年。到了中后期，中华大地上各族势力也都逐渐发展起来，唐朝覆灭。看过《天龙八部》《射雕英雄传》小说的读者都知道，北宋、南宋时期，大理、辽国、夏国、金国等国都有一定的实力。最后，忽必烈结束了分裂，统一中国，建立元朝。700 年前，第四个小冰期到来了，元朝坚持了不到 100 年，被饥寒交迫的农民推翻，蒙古贵族被赶回了北方大草原。公元 1860 年，气候再度变得温暖，伴随这次气候变化的开始，人类也付出了惨痛的代价——两次世界大战。

回顾历史我们可以发现，但凡气候发生变化的时期，人类社会总要出那么点乱子。气候寒冷时，北方游牧民族会因为水草不足，往南方迁徙。而在古代，社会发展主要依赖于农业，当气候变得恶劣，灾荒连连时，由于农作物收成不足，农民吃不饱穿不暖，必然要起义闹事，把矛头指向作威作福的封建统治阶级。而当气候条件较好，且持续时间较长时，人们（主要是统治阶级）则容易饱暖思淫欲，要么开始荒废朝政，要么开始穷兵黩武，必然要去挑些事儿的。

根据目前的考古发现，良渚始于 5300 年前，终于 4300 年前，其间是否发生过起义革命，囿于尚未发现文字系统和相关记录，现在已无从知晓。但是其古城及水利系统的测年时间差不多都指向 5000~4900 年前，从这一点来看，当时的良渚，或许可以称其为良渚王国吧，因为气候宜人、生产力发展水平较高，经过几百年的积累，其统治阶级乃至部分普通民众已不再满足于温饱，开始有了更高水平的追求，如工程建设、宗教信仰。笔者个人认为，宗教信仰的起源是人类对所处世界的思考和阐释，以及对更好的未知世界的向往。

气候或许不会创造历史，但它真真切切地影响着早期人类文明的进程。

（二）神秘的北纬 30 度

经纬度是人们创造出来的一种坐标系统，主要是为了方便标注地理位置。纬线可以理解为地球上某点随地球自转所形成的轨迹。

查询四大文明古国的地理位置可以发现，它们几乎都处在北纬 30 度这条纬线上。两河流域的幼发拉底河和底格里斯河，差不多在北纬 29.5 度的位置汇入波斯湾，其流经之地，则是著名的"新月沃地"，下游就是著名的苏美尔文明发源地。孕育了古埃及文明的尼罗河，则在北纬 31.4 度左右的位置，自南向北汇入地中海，在尼罗河下游，则散布着约 80 座金字塔。印度河的入海口稍稍偏离，其汇入印度洋的位置大约是北纬 25 度。而发现哈拉帕文明的哈拉帕城则在北纬 30.5 度左右。回到良渚，良渚古城所处的位置，也是在北纬 30.4 度左右。

人们熟知的这四大古文明或早或晚，不约而同地在北纬 30 度附近这个位置发展壮大起来了。这到底是什么原因，我们不得而知。北纬 30 度在北回归线（约北纬 23.5 度）以北不到 7 度，太阳无法直射这一地区。南、北回归线之间，是阳光能够直射的地带，这就使得该地区的气候整体上会比较炎热。而北纬 30 度所处的位置从气候带划分上来说，属于亚热带，相对没那么炎热，但也足够温暖到给当时的人们提供适宜的生存环境。在这样的环境中，动植物没有热带雨林那

良渚神人兽面纹

么丰富，但人们稍稍努力，发挥些主观能动性，也可以过得很好。我想，这样的坏境条件也从某方面促进了人类自身的进步和发展。

如果单单是四大古文明在北纬 30 度这条线上不约而同地手拉手发展起来的话，还不足以说明该位置的神秘。在北纬 30 度这个位置上，故事还有很多。

穿越时间和空间，在这条游览线上，你可以看到，古巴比伦王国的尼布甲尼撒二世，为了其患病思乡的王妃安美依迪丝修建了一座空中花园。在地中海和红海之间，19 世纪的人们修筑了沟通二者的苏伊士运河，跨过了北纬 30 度这条线。绵延 6000 多千米的密西西比河，每年携带着近五亿吨的沙于此汇入墨西哥湾，在河口处堆积成巨大的三角洲。北纬 30 度附近的波斯湾，是当今世界上最大的石油产区，截至 20 世纪末，其探明石油储量占了全世界的三分之二，此地也因为石油资源问题，爆发了著名的海湾战争。大西洋西侧百慕大群岛、佛罗里达海峡和大安的列斯群岛东端的波多黎各岛之间的"百慕大三角"，大部分位于北纬 20~30 度，自然环境复杂，此区域发生了多起船只失踪事件，也成为一些小说家的创作素材。世界上最高大的山脉喜马拉雅山在北纬 30 度耸立，雅鲁藏布江峡谷在此成为"打开地球历史之门的锁孔"。怒江、澜沧江、金沙江在此处开始了 170 多千米

三星堆人面像

的"三江并流"的奇观，其中澜沧江与金沙江最短直线距离为 66 千米，澜沧江与怒江的最短直线距离更是不到 19 千米。位于四川广汉市区西北部的三星堆遗址，也位于北纬 30 度的位置，其出土了一些造型奇特的青铜器，甚至被一部分好事者认为与外星人有关。不过，随着近年来考古工作的不断推进，一些虚诞推论也不攻自破了。现在一般认为，三星文化应是在本地文化的基础上，吸收了中原商文化和西亚古老文明因素而形成的一种复合型文化，是文化碰撞的产物。

北纬 30 度线上，海陆交汇，自然环境变化多样，气候宜人，人类活动也因此较为活跃。有人的地方，就有"江湖"，而"江湖"里则往往充斥着各种传说。一些"神秘"的事件，有的已得到了科学的解释，还有一些因为缺乏足够深入的研究，还仅仅停留在神秘的表象上，甚至有的本身就是个谣言。因此，在看到一些抓人眼球、神秘莫测的新闻标题时，需要科学地去看待，而不是毫无依据地胡乱猜想。

即便北纬 30 度不再神秘，它依旧是孕育人类古代文明的温床。

二 良渚文化的兴起与衰落

（一）良渚文化的 C 形区

　　良渚文化广泛分布于环太湖地区的杭嘉湖平原，除此之外，在长江以北也发现过良渚文化的遗址。而良渚古城作为目前发现的良渚文化最高级的遗址、王城，并不在杭嘉湖平原的中心位置，而是在其西南"边陲"，位于天目山余脉环抱之地。

　　良渚古城三面环山，山上分布了大量的白垩纪（距今 1.45 亿~0.65 亿年）火山岩，主要是火山灰形成的凝灰岩，除此之外，还出露了少量的白垩纪深成和浅成侵入岩（流纹岩、花岗岩、安山岩、二长斑岩等）。良渚古城西侧，分布了较多的前白垩纪的沉积岩，主要为砂岩、泥岩，少量的灰岩、页岩。在白垩纪时期，大范围的火山爆发使得天目山、富阳等地变成了构造火山盆地，大量的火山灰、火山碎屑在这里沉降，经过沉积和变质作用，形成了凝灰岩。

　　起初，良渚古城遗址尚未被发现、确认，经过几十年来不间断的考古调查、勘探工作，考古工作者在良渚古城周边乃至更大范围内，发现了几百处良渚文化的遗址点，考古工作者将这些遗址点归并在一起，称其为良渚遗址群。2007 年良渚古城发现后，又经过十几年的考古发掘研究工作，古城内外结构逐渐清晰起来。原先的遗址群也逐步被划分为宫殿区、王陵区、作坊区、外城、郊区等。这些遗址点分布于山间平原地带，从位置的形态上看，仿佛在一个 C 形的怀抱之中。习惯上，将此区域称为"小 C"。

既然有"小 C"，那么一定有"大 C"了？没错。打开手机地图，切换到卫星地图，不断缩放，沿着山麓，可以描一个大大的 C 形区域，这里被囊括的区域就是"大 C"。沿着这个 C 形，可以看到北面的东明山国家森林公园，西面的双溪竹海漂流，南面的西溪湿地，东面的半山国家森林公园。这片山间平原里，除了零星的几个山头，主要是全新世的沉积物，少量晚更新世的黄土，这些黄土一般出露于山脚下。这片平原区域的海拔大多为 5~8 米，往下几米，就是良渚人的生活面，也就是考古发掘中常说的良渚文化层。良渚文化层之下的全新世地层，一般为一层海相过渡到陆相的沉积层。该层的厚度从几米到几十米不等，厚度较大的地方，原先可能存在较大的古河道、古湖泊，其间往往有湖沼相或河流相的沉积。

良渚古城模型图

提到海相沉积层，就不可避免地要说该地区的海平面变化，这也涉及这片平原的成陆问题。

第四纪以来，随着冰期—间冰期的交替，海平面发生了显著的升降变化，在海洋陆地过渡地区，就会因此发生大规模的海陆变迁。良渚所处的位置，北面有太湖（良渚时期，太湖很可能尚未成湖）和长江，南面有钱塘江，西面是北苕溪、中苕溪、南苕溪，而东面则是东海。当时这片地区的海拔比现在还要低几米，处于这样一个地理位置，必然很容易受到水的影响，是一个对水较为敏感的地区。

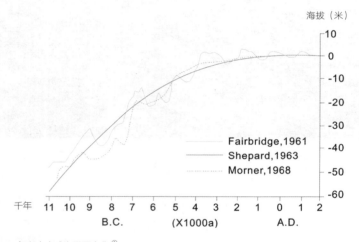

13000 年以来全球海平面变化 [1]

末次冰期后，气候变暖导致冰川融化，海平面迅速上升。距今 1 万年前后，也就是全新世开始的时候，海平面已经从最低的 -120 米

---

① 朱 诚、Fairbridge 等：《*On the Holocene sea-level highstand along the Yangtze Delta and Ningshan plain, East China*》,《*Chinese Science Bulletin*》Vol. 48 No.24 December 2003.

升至 -40 米。前面说过，全新世属于间冰期，气候偏暖。全新世早期，海平面继续上升，距今 6000~5000 年时已上升到现代水平甚至更高，平均上升速率大约是每 100 年上升 1 米。海平面的迅速上升，就使得海岸线向陆地方向发生大幅度迁移，末次冰期露出的广大的大陆架（即陆地在海平面下的延伸）地区，被淹没成大面积的浅海，古地理环境因此发生重大变化。从 6000 年前至今，海平面基本只在现在这个水平上发生小幅度的波动。当然，也有人认为，在全新世暖期（距今 6000~4000 年），可能存在高于现今水平的高海平面时期。当然，这里说的都是当时全球性的变化，是个总体的概况。不同地区因为其地理环境差异，对这些变化的响应也存在差异。

良渚所处的 C 形区其成陆年代，是 7000~6000 年前。假如在 C 形区挖一口足够深（可能几十米，也可能只有几米）的井，将水抽干，自下而上观察这口井的内壁，大体上可以看到这样的一种变化趋势。其下部，可以看到青灰色的含有粉砂条带的砂泥质，反映了一种潮滩相的沉积环境，测年通常在约 6000 年前。中部，则一般为深灰色含腐殖质的泥质层，有机质含量较高，闻起来会有一些"味道"，反映的是淡水湖泊、沼泽相的沉积环境，所处年代是 5500~4000 年前。再往上，则是灰色、淡黄色、灰黄色的砂泥质层，是一层洪泛相的沉积。顶部，就是耕作层了，主要受到现代人类活动的影响。在中间这层，偶尔也能看到良渚人的生活垃圾和"工业"垃圾，如陶器的碎片，吃剩的骨头、果核，废弃的石器、玉器、骨器边角料，运气好的话，还能碰上几件相对完整的器物。这就是良渚人生存生活的地面。

全新世期间，长江三角洲地区出现过多次海侵，其中最强的一次发生在 7000~6000 年前。当时长江三角洲海岸线要比现今向西偏移。在这次海侵后，海岸线逐渐东移，杭州地区也逐渐从水下露出，形成陆地。海水刚刚退却时，土壤中含盐量较高，部分低洼地带依旧容易受到东海的影响，还不适合大多数植物/农作物生存。经过较长时间（可能几百年）的土壤淋滤作用以及一些耐盐生物的生物作用，该地区的土壤逐步脱盐脱碱，逐渐转变为适于人类居住的淡水湖沼环境。

这片 C 形区总体上，地势平坦且海拔较低，良渚人生活的自然地面的海拔可能一般只有 3 米左右。除此之外，良渚古城及良渚遗址群三面环山，这就形成了周边高、中间低的地势格局。而唯一不靠山的东侧，则靠近现在的杭州湾和东海，这也就意味着，该地区很容易受到海平面波动的影响。虽然距离东海还有 100 多千米，但现在东海仍然能通过钱塘江影响杭州部分地区，特别是当台风到来的时候，若不是钱塘江两岸的大堤，钱塘江的浪潮很可能会对人类的部分居住区造成很大的破坏。

这样的地形，或许在某种程度上，与良渚文化最终走向没落有些关系。

（二）那年江南好风景

"江南"作为一个极美好的词语，广泛存在于古人的诗词歌赋之中。如汉乐府的"江南可采莲，莲叶何田田"，"谁知江南无醉意，笑看春风十里香"，南北朝时期陆凯的"江南无所有，聊赠一支春"，唐代白居易的"江南好，风景旧曾谙。日出江花红似火，春来江水绿如蓝。能不忆江南？"宋代苏东坡的《望江南》，元代张养浩的《水仙子·咏江南》等。唐宋时期，赞美江南的诗词大量出现，也可以说从某种程度上反映了当时文化中心的南移。

江南，一般指长江以南地区，但不包括岭南。"江南"一词，最早出现在先秦两汉时期，当时指的是长江中游的湖南和湖北的长江以南部分以及现在的江西省部分地区。一直到隋朝，当时的江南往往指的是湖南、湖北一带。唐太宗时期，设立江南道，包含了现在的长江中下游地区的江西、湖南、湖北长江以南部分。宋改道为路，江南路包括江西全境与皖南部分地区。清代初期设立江南省，囊括了如今的江苏和安徽，但文化意义上的"小江南"越来越明确地专指传统的江东、吴或三吴地区。现在广义的江南包括了上海、江西、湖南、浙江

现在的江南

全境，以及江苏、安徽、湖北的长江以南地区；狭义的江南，则指的是长江中下游平原的南岸地区，包括江苏、安徽的长江以南地区，上海市以及浙江省钱塘江以北地区。江南地区，其最明显的地貌特征就是多平原和多水。良渚文化分布地区，尤其是其核心区，不管是从广义的还是狭义的角度，从文化还是地貌的角度，都属于江南。

那么，5000 年前的江南，当时的良渚，又是怎样的一番景象呢？如果有时间机器可以穿越时空的话，笔者必然要穿越这 5000 年，去 5000 年前的良渚王国游历一番的。但是，时间机器并不存在，我们也永远无法逾越时间的鸿沟。不过，风吹过，水流过，多少会留下些许印记，我们现在的考古工作者以及研究古地理环境、古气候的科学家们，做的正是这种"捕风捉影"的工作。依靠他们的研究成果，结合一些合理的想象，倒是可以畅想 5000 年前良渚人生活的世界是一番怎样的光景。

如前所述，5000 年的时间在地质尺度上微不足道，山还是山，海依旧是海，而气候会有些许变化。良渚文化存续时，正处于全新世大暖期（约 8500~3000 年前），整体气候较为温暖。约 5000 年前，海平面略有下降，气候一度转凉，发生了一次短暂的降温事件。但至良渚文化早中期，也就是其最为繁盛的时候，该地区的气候恢复温暖湿润，到良渚文化晚期，则开始了降温过程。所以总体上，良渚时期的气候先是凉爽干燥，然后变得温暖潮湿，最后又变为凉干。

5000 年前距离上次大规模的海侵已过去了很久（可能是一两千年），经过漫长的生物作用、土壤淋滤作用，这片土地也逐渐肥沃起来。此时，这里的环境可能还以湿地为主，水系发育，植物茂盛，各类动物在此地游荡。当时的良渚人，爬到北面或南面的山上，眺望远方。这片辽阔的平原，很快进入了他们的视野。当时的统治阶级经过一番规划，在小 C 形区的中央选定了一片土地。由于这片平原地势较低，较为潮湿，他们就在一些小的自然山体上堆土，有的地方堆筑了十几米高。这是一项浩大的工程，花费了大量的人力物力，最终建成了早期的良渚古城。在这个几十万平米的高台堆筑好后，他们开始在上面修建房屋、宫殿。良渚人在这片湿地上取土时，还顺势挖掘了

良渚古城复原想象图

几条沟渠，作为运输通道。这些沟渠在后来经过拓宽、边坡加固，形成了古城内部的河道。这条河道在修建宫殿、城墙时，也是运输木材、石材的通道。古城建成后，沿着河岸还分布着石器、玉器、木器、漆器等加工场。这条河，后来也成为良渚人丢弃生活垃圾的地方，就是它，为后来的考古工作者提供了大量的材料，让我们得以窥见良渚人的生活。

　　良渚时期，此地总体上比较潮湿，河网密布，良渚人堆筑土台，依河而居。出行或运输时，基本依靠水路交通，交通工具主要是独木舟和竹筏。最盛时期，河道上舟筏交错，来来往往，好不热闹。有的为岸边的作坊带来了精美的石料、玉料，这些材料可能经过了很长距离的运输，船夫虽面带疲色，但脸上堆满了笑容。加工玉器、石器的

良渚人生活场景模拟图

工匠，放下了手里的活儿迎了上去，挑选中意的材料。木器作坊边的木工，正在切割木坯，准备做个木盆，离他不远处的岸边，则有一帮人正搬运着一块大木头，这块木头从山上被砍伐下来后，被简单加工了个牛鼻穿，拴上绳子，通过河流运输到此。此时远处传来一片嘈杂，原来是负责种田的农民，运来了刚刚收割好的水稻。这一年又是个丰收年，运送水稻的竹筏一个接一个，排成了长龙。此时已近晌午时分，岸边飘起阵阵炊烟，米饭的香味四处弥漫。几个小孩子在房屋边嬉戏，玩着玩着感觉肚子饿了，便跑去找母亲撒娇讨要吃食。奈何此时午饭尚未做好，母亲被缠得没有办法，便拿了几个前些时候采摘的南酸枣，给孩子们先垫垫肚子。小孩子们吃完后跑到河边，往河里吐着枣核，比谁吐得远。母亲看到后笑着摇了摇头，继续准备午饭。

Essence and Treasures:
The paleoenvironment, plants and animals of Liangzhu

良渚王戴着羽冠，从大莫角山上的宫殿内走出，环顾四周，看到此番人民安居乐业的景象，甚感欣慰，露出了满意的微笑。

彼时的良渚，水道纵横，船只往来，先民们临河而居。若将竹筏独木舟改成乌篷船，再将房屋换成白墙黑瓦，则与现在的乌镇差不多。乌镇，是江南水乡的一个典型和缩影。而良渚，则代表了5000年前的江南，是中华文明的一个重要源头。良渚人，就此基本确立了后世江南地区临水而居、饭稻羹鱼的生活模式。

后来，也曾有人称良渚为"东方威尼斯"，笔者认为，这样的称谓，小了。

（三）洪荒之力

世界上普遍盛传着"大洪水"传说。中国的"大禹治水"自不必说。"当尧之时，水逆行，泛滥于中国，蛇龙居之，民无所定。"禹的父亲鲧被派去治理洪水，主要运用堵的方法，花了9年也没有成功。鲧因此被杀，他的儿子禹又被派去治水，禹采用疏导的方法，花了13年，终于平息了洪水。大禹也因治水有功，继承了舜的位置，后建立

026

苗族洪水滔天传说

了中国第一个朝代夏朝。除此之外，中国有 40 多个少数民族的文化
中，都流传有关于洪水的神话故事。如，苗族的"洪水滔天"，说了
这样一个故事：很久很久以前，一对老人生了两个儿子一个女儿。老
人去世后，两个儿子经常与天赌气，天很冷的时候叫嚷着太热，天
热的时候又说太冷跑去河边烧火，因此惹怒了天神。最后天神降下洪
水，淹没了整个大地。这两个儿子做了两面大鼓，准备坐在上面躲避
洪水，一个做的是铁鼓，一个做的是木鼓。后来，坐在铁鼓上的儿子
被洪水冲走了，坐在木鼓上的儿子和女儿活了下来。洪水退却后，世
上只剩下这兄妹二人，他们结为夫妻，重新繁衍了人类。

苏美尔洪水神话

　　苏美尔洪水神话中，人类触犯了创造世间一切的众神，众神决定用洪水毁灭人类。其中一位天神安启同情人类，偷偷向一位敬奉天神的祭司通报了消息，并教他制造方舟，躲避灾难。洪水过后，只有这位祭司幸存了下来，成为人类的祖先。印度的洪水神话中，人类祖先摩奴早上取水洗手时，一条小鱼落入他的手中，小鱼开口说话，让摩奴帮它，并说大洪水要来了，到时候它会救他。善良的摩奴将鱼养大，直到有一天鱼跟摩奴说洪水要来了，并让他准备一条船。不久之后，鱼的话应验，摩奴也因此得救。后来，他不断修行，向水祭拜，水中出现了一个女子，他俩生下了子孙，人类得以繁衍。希腊洪水神话里，青铜时代的人类堕落不堪，众神之王宙斯看到后很是愤怒，决定用洪水灭绝人类。普罗米修斯之子丢卡利翁事先得到了父亲的警告，造了一条大船。洪水来临时，他和妻子皮拉躲在船中，幸存了下来。洪水退却后，大地一片荒芜，丢卡利翁和妻子听从神谕，将石块向身后扔去。丢卡利翁扔的石块变成了男人，皮拉扔的石块变成了女人。玛雅人的洪水神话中，天神决定制造服从于神、敬爱于神的人。他们先是用泥和木头造人，但都不太满意，便用洪水毁掉了一切。后来天神用谷穗磨成粉，再用粉捏成人的躯干，浇灌九种汁液，使其有力气和能量。天神用这种办法先造了四个男人，又造了四个女人，他们成了人类的祖先。印第安人的洪水故事中，家养的小狗每天都在河边哀号，主人骂它，要赶它回家。它却开口说话了，说洪水快要来了，将淹没整片大地，并让主人造一条船带上生活必需品。之后，它又补充说，主人要想得救就必须把它投入水中。为了表明所言不虚，它让主人看它的后脑。主人发现它的后脑部位已经没有毛皮，便信了他的话，将它扔进河中，全家因此得救。这一家人也因此成为现代人类的祖先。

　　类似的神话故事不胜枚举，在世界各地各民族中都有相关传说，有的还非常相似。可见在人类早期文明中，大洪水是个非常普遍的记忆。早期文明，多起源于大江大河流域，在方便用水的同时，也易遭受水患的影响。这些洪水故事中，还有些富有创世神话的色彩，故事的最后，人类基本全部灭绝，只留下几个人，成为现代人类祖先。但不管如何，都是有这样一个过程，人类生存发展—洪水灭世—重新发展起来。这也从某个方面反映了，人类文明早期发生过大规模的洪水事件，使得文明发展遭受重创。当然，这些都是从神话的角度来看的，时间久远，已无法考证。但在一些遗址中，确实有一些能反映洪水事件的堆积。比如在我国中原地区的二里头遗址、江汉平原的钟桥遗址，都发现有 4000 多年前的古洪水堆积。

　　回到良渚，许多良渚遗址的文化层上，都有一层黄褐色的粉砂质堆积，推测可能与良渚文化的衰落有关。这层粉砂质堆积（一般称作"黄粉土"），厚度从几十厘米到一米都有，且多在相对低洼的地带堆积。一开始，考古工作者认为其是洪水堆积，所以又称其为"洪水层"。然而，从沉积学角度来看，洪水堆积一般反映的是较强的水动力环境，其沉积特征是分选性很差，意思就是，各种大小的颗粒都混杂在了一起，而不是一般有序的沉积（上部颗粒细小，下部颗粒粗大）。良渚的这层黄粉土颗粒较为均一，多为细粉砂，反映了相

现代长江洪水

对较弱的水动力环境。所以这层黄粉土并不是一次简单的洪水事件造成的。其沉积相，反映的极有可能是一种泛滥平原的沉积环境。在洪水泛滥期间，河水溢出到两岸平原中较低洼处，这个低洼处称为河漫滩，当整个平原都被溢出的河水覆盖时，就变成了泛滥平原。

那么，"黄粉土"到底是不是洪水层呢？

笔者认为，这层黄粉土可能不是直接的洪水堆积，但确是因为洪水才形成的，而洪水的成因则比较复杂，现在还难以说清。前面说过，良渚遗址群包括现在的杭州，都处于一个 C 形区，三面环山，东面靠海。当海平面发生小幅度上升时，沿海地带地下水水位也会相应地升高。如果当时受到季风影响，发生长时间、大规模的降水，地下水位升高，加之三面环山、东面靠海，地势较为低洼，这个地区的水就无处流淌。此外，其北面的长江也可能因为上游降水增多，有更多的水流入下游，使得下游洪水泛滥。泛滥的洪水除了流入东海外，很可能会有一部分通过太湖地区的低洼地带流向良渚文化核心区域。南面的钱塘江，也有可能发生类似的事情。连年的降水，水越积越多，无法排出，原本河网密布的"江南"很可能变成了一片浑浊的汪洋。这就可能迫使当时的良渚人离开此地，往别处求生。除此之外，当时也可能因为环境变迁发生了社会动乱，导致了良渚文化的衰落。

良渚文化衰落之后，该地区发展起来的马桥文化，要比良渚逊色得多，表现出了某种程度的倒退。这片地区也因此在相当长一段时间之内，成为后世中原王朝口中的"南蛮"之地。

良渚锥形器（左）

良渚玉璧（右）

　　世事无常，王权没有永恒，就像冰期与间冰期的交替，就像四季更迭，就像日夜变换。良渚文明虽已远去，但其为中华文明的发展做出了巨大贡献。它是中华玉文化的重要起源，良渚时代的琮、钺、璧等玉器也在相当长一段时间内，成为中华礼制的重要组成元素。

三 怎样研究古环境

(一) 大地之书

美国有一本科普性的读物 *Reading the Rocks : The Autobiography of the Earth*，中文翻译是《地球用岩石写日记：追踪 46 亿年的地球故事》。作者是一名地质学家，对石头非常痴迷，在她的笔下，每一块石头都讲述了地球历史上的一段故事。这些石头，年长的记录了几亿年甚至是四十多亿年前，地球上发生的故事；一些较为年轻的，记录的则是几百万年前的事迹。这些故事，有的讲述的是地球起源，有的则是山、海的演化过程，有的则记录了生物大灭绝事件，有的则描绘了火山爆发、岩浆溢流的画面……

地球平均半径达 6300 多千米，而目前科技水平可以观察到的地下深度十分有限。目前世界上最深的矿井有 4~5 千米，最深的钻井为 12.5 千米，火山喷发所能带出的则是地下几十千米到 200 千米左右的物质。地球的最表层地壳，大陆地区地壳稍厚，平均 33 千米，大洋地区则较薄，平均厚度为 7 千米。相比之下，有人类活动的堆积深度，不值一提。

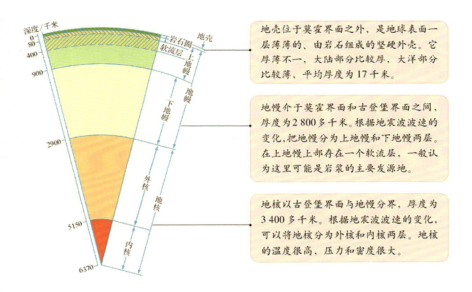

地壳位于莫霍界面之外，是地球表面一层薄薄的、由岩石组成的坚硬外壳。它厚薄不一，大陆部分比较厚，大洋部分比较薄，平均厚度为17千米。

地慢介于莫霍界面和古登堡界面之间，厚度为2 800多千米。根据地震波波速的变化，把地慢分为上地慢和下地慢两层。在上地慢上部存在一个软流层，一般认为这里可能是岩浆的主要发源地。

地核以古登堡界面与地慢分界，厚度为3 400多千米。根据地震波波速的变化，可以将地核分为外核和内核两层。地核的温度很高，压力和密度很大。

地球圈层示意图

　　如果说，石头记录了地球的历史的话，那么土壤则记录了人类文明的进程。我们脚下的土地是一本书，记录了过往的很多信息，不同学科的学者都可以从各自的角度对其进行解读。这是一本无字之书，但记录的东西，不是一般的文字可以解读的。

　　土壤，在自然科学家口中又称为沉积物。当然，沉积物的范畴要比土壤宽泛得多，河床上的泥沙、黄土高原的黄土、沙漠里的沙粒，

都属于沉积物。前面说过，在杭嘉湖地区，有遗址的地方，地下两三
米深处差不多就是良渚文化层。这些地层中，满是良渚人生活的痕
迹。考古学家的工作，就是通过发掘研究这些生活废弃堆积物（当然，
里面也有少量的"精品"）来恢复当时的社会样貌。而研究古地理环
境的科学家们，则是发掘这些土壤中蕴含的信息。他们研究的对象，
有的注重宏观，有的则偏微观一些，但都是对这本神秘莫测的大地之

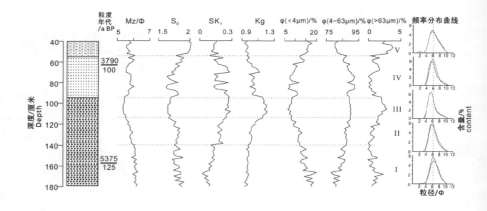

沉积物粒度分析 [①]

① 史辰羲、莫多闻等：《浙江良渚遗址群环境演变与人类活动的关系》，《地质前沿》
2011 年 5 月第 3 期，第 350 页。

书进行解读。

　　土壤中的化学元素如 Rb、Sr、Cu、Ti 等，可以反映气候的冷暖干湿变化；沉积物颗粒大小组成情况，可以反映沉积动力环境，告诉你这里曾经是湖泊还是河流，陆地或是沼泽。土壤中的微体植物化石，如植硅体、孢粉等，记录了当时的植被情况。土壤中包裹的木屑、植物碎屑乃至骨骼，可以通过测年手段告知我们它们死亡的年代。除此之外，土壤也是一些微生物的墓场，这些微体生物（如硅藻、有孔虫等）有其特定的生存条件，借此可以推测当时的环境。比如说，有孔虫一般在海洋中生存，且不同种类的有孔虫其生存位置至海面的距离也有不同，据此可以推断当时的海平面高度。沉积物的一些同位素，与其早期形成环境有关，据此也可以对它们进行追踪溯源，探讨它们究竟来自何方。

　　为了进行这些研究，科研工作者首先要做的就是取样，把土带回实验室进行分析检测。为了达到不同的分析目的，在取样时也会有些差别，但总体上主要分为两种：剖面取样法和钻孔取样法。先介绍下剖面取样，顾名思义，就是在土壤的剖面上进行样品采集。如果在野外，就需要找这种剖面。剖面深度越深越好，需要排除现代人类的干扰，必须是自然剖面，或者是人工开掘后露出的自然剖面（考古发掘

剖面取样

探方的四壁也是比较好的剖面取样对象）。需要注意的是，不能在人工堆积后的地层中取样，因为这种地层顺序已经紊乱了，不同层位的东西混在一起，已然无法获取有效的信息了。

在剖面取样时，也有几种不同的取样方式。如果是取测年样本，一般分两种情况——碳十四测年和光释光测年。碳十四测年检测出来的是生物死亡（一般为树木被砍伐、植物种子被丢弃或埋藏）的时间。取碳十四测年样本直接从剖面中挑拣出需要测年的样本即可（样本最好为一年生的植物种子或者杂草等），取样时需要记录取样位置（经纬度）和取样深度，以及肉眼观察到的剖面的情况。如果肉眼找不到可以测年的样本的话，可以取一大块土带回实验室进行淘洗，可能会有意外收获。光释光测年，检测的是沉积物最后一次曝光的时间，反映了沉积过程中的埋藏时间。取样时，一般是将一根空心钢管砸进需要测年的层位，然后再将露在地面外的一头塞上黑色塑料袋或不透明填充物，取出钢管后，将另外一头也堵上，最后用锡箔纸将整个钢管包起来。因为光释光测试的是沉积物最后一次见光时间，所以最需要注意的是不能让样品见光。实验室分析主要是在暗室（类似洗照片的环境）进行，取出钢管中最中间的部位进行分析处理。虽然都是测年，碳十四测年的误差一般要比光释光测年低，一般为几十年，而光释光测年的误差则可能达到几百年。此外，当沉积物颗粒较粗时，在埋藏过程中可能还会有一些光渗透进去，这也会对光释光测年测试结果产生影响。但这也并不代表碳十四测年就比光释光测年好。如果碳十四测年的测试对象没有挑选好，比如说，选的是碳屑，而这种碳屑由于其比较稳定，很可能在埋藏时候就已经存在很多年了，就会导致最后测试结果偏老。所以做碳十四测年时，最好取一年生的植物或种子，且最好将沉积物中的有机质一起进行测年。

钻孔取样

　　剖面取样如果只是分析沉积物的化学元素或者同位素组成，只需挖取些散样即可。当然，样品的野外描述、记录和拍照都是必不可少的。如果是分析硅藻、粒度、孢粉，则可能需要自下而上，每隔一定距离（一般为 2 厘米或者 5 厘米），采集散样。除此之外，为了分析古土壤沉积过程或者人工台地的堆筑过程，一般需要进行土壤微形态方面的分析，这在取样时，就需要在两个地层交汇处，取 10~20 厘米见宽的整块土壤，不能让土壤发生分裂变形。现在还有种剖面取样方法，就是将钢槽砸进修平后的剖面中，这样一段一段接起来，最后掏出钢槽，可以将整个剖面截取下来，带回实验室后再根据需求进行取样工作。

剖面取样虽然是比较好的取样方式，但是完美的剖面往往是可遇不可求的，这时候就需要另一种取样方法了——钻孔。钻孔，主要就是通过钻机根据需求向下钻取几米到几十米的深度，然后将钻芯取出包好，再带回实验室进行观察、描述、拍照、取样。在野外主要是进行简单的观察和样本包装，并对钻孔位置和周边环境进行描述拍照和记录。有很多文章形容这是"一孔定天下"，但这种形容是有问题的。单个钻孔，很可能会钻取相对比较特殊的位置，对整个区域而言，代表性不足。最好的办法，是钻取多个钻孔，进行地层归并整理，并选取几个具有代表性的孔进行实验分析。由于在钻孔和取芯时容易发生压缩和拉伸，所以其深度是存在误差的，这就需要钻孔时记录深度，取芯时记录钻芯长度。

不管是何种取样方法，都有一点需要注意，那就是防止样品的污染。取样时，需要戴上手套，并在取完一个样品之后，取下一个样品前，将手套和取样工具清洗干净，防止样品间的污染。

不管是剖面还是钻孔，都只是给我们提供一个方法，使得我们从这茫茫大地之书中撕下一页，细细品读。其中的故事，还需阅读者自己去解读、记录。

（二）神奇的化学元素和同位素

前面获取的样本，回到实验室后会进行一些检测分析，有时候就会有一些常量元素、微量元素和同位素的分析。

常量元素也称主量元素或造岩元素，是岩石中质量分数大于 1% 或 0.1% 的元素。微量元素，指的是地壳中除了 O、Si、Al、Fe、Ca、Na、K、Mg、H 等 9 种元素以外的其他元素，它们在岩石物质中的质量分数一般在 1% 或 0.1% 以下。利用常量元素和微量元素，可以分析沉积物沉积环境的盐度和氧化还原条件，从而区别海水、淡水、河流和陆地；除此之外，利用一些元素的比值也可以分析古气候的干湿冷暖变化。

组成物质的原子由原子核和核外电子构成，原子核决定了原子的性质。而原子核由质子和中子组成，质子带正电荷，其电荷数与核外电子（带负电荷）相同，中子不带电。质子数相同而中子数不同的原子，就是同位素。同位素的性质基本一样，但是因为中子数存在差异，质量上会有细微的差别。自然界中，引起同位素成分变化的原因，主要是放射性衰变和同位素分馏效应。

　　放射性同位素经过自然衰变，转变为其他元素的同位素。这就导致原元素同位素不断减少，生成的元素同位素不断增加，从而改变了母元素和子元素同位素的比例。它是放射性元素原子核的一种特性，不受外界物理、化学变化的影响。而同位素分馏效应，一般发生在地质作用过程中，由于质量差异导致轻稳定同位素（质子数 <20，即元

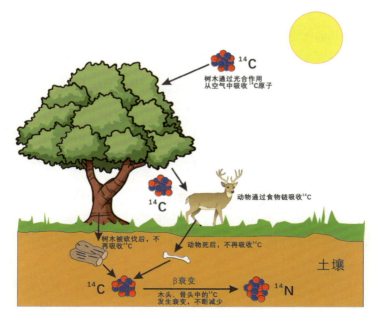

^{14}C 测年原理示意图

素周期表前 20 号元素）相对丰度发生改变。

利用同位素的这两种变化，可以做很多有意思的事。

利用放射性同位素的衰变，可以进行测年，目前应用最广的就是碳十四（^{14}C）测年。放射性同位素的衰变过程是自发的、永不停息的，且具有一定的比例；衰变反应不受任何温度、压力以及物理、化学条件的影响，衰变前后的变化只与时间有关。除此之外，由于同位素成分的变化受到环境及其本身性质的影响，因而可以利用同位素成分的变异来指示其形成的环境条件，从而可以追踪物质的来源。比如说，检测沉积物里的同位素可以推测其是哪里的岩石转变过来的。沉积物，一般是岩石经过风化、剥蚀、搬运、沉积的过程后形成的，当然，其中也会混杂一些生物遗骸等。简言之，沉积物基本是石头转变过来的。在这个变化过程中，其中的同位素不会发生变化，据此就可以进行识踪。同位素除了可以当做计时器、指示器，还可以当做温度计来使用。在地质学上，可以用氧同位素来测算古海水的温度。除了这些，还有人利用碳、氧、硫等同位素来研究全球海平面变化。

近年来，同位素方法在考古学上的应用也逐渐增多，其应用主要在以下几个方面。首先是测年，主要是利用 C 同位素（^{14}C）和 Ar 同位素。其次是物源示踪，比如说人和动物骨骼中的 Sr 同位素与其生活环境息息相关，而骨胶原中 $\delta^{18}O$ 可以反映先民的饮用水来源。此外，利用青铜器中的 Pb 和 Cu 同位素可以分析其矿料来源和传播路线。还有就是农业研究上的应用，人和动物骨胶原蛋白中的 C（$\delta^{13}C$）、N 同位素可以反映其饮食结构，据此可研究家畜驯化过程。植物遗存中的

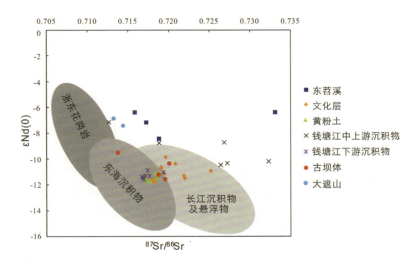

利用同位素分析物质来源

C、N 同位素分析，在研究中国早期农业起源和发展中也发挥了重要作用。

之前对良渚遗址文化层之上的黄粉土，做过一些同位素分析，表明其并非附近山上的沉积物，排除了山洪的可能性。为了寻找良渚玉器的玉料来源，也曾做过一些化学元素的分析。分析表明，其玉料与目前发现的江苏溧阳小梅岭玉矿并不同。研究良渚古城城墙垫石来源时，除了岩性鉴定之外，也借助了常量元素、微量元素的分析进行确认。

（三）"看不见"的历史

目前发现最古老的文字——楔形文字，距今约五六千年；中国目前发现最早的文字——甲骨文，距今大概 3000 多年。这些文字，是可以查阅到的最早的历史记录。更早的有迹可循的记录，则是一些更原始的刻画符号或者图画图案了。然而，这些零星的记录跟人类漫长的历史进程相比，实在是少得可怜。关于没有确切文字记载的史前文明，目前的诠释主要依赖于考古发掘。考古工作者，特别是史前考古工作者的任务，就是发掘、诠释那些缺乏记载的历史。这些历史，有的没有任何记载，有的可能是早期神话传说的源头，有的则可能颠覆现有的历史记录。前几年比较热的海昏侯墓，其最大的价值并不在于那些金银珠宝，而在于出土的大量竹简。这些竹简，让失传已久的

《齐论》重见天日。

　　早期的考古工作，主要偏重于器物的分型分式，就是根据器物的样式进行整理、归类，并划分其不同的发展演化阶段。考古学作为研究人类古代社会的一门学科，其本身就具有很强的综合性，随着近年来多学科的介入，考古学的研究对象也越来越丰富，越来越细致。埋藏在土壤中的有孔虫，仿佛在几千年前的海水中遨游，静卧的孢粉曾弥漫在旧时的空气中，植物腐没后残存的植硅石回味着世间的冷暖，陶器里的淀粉粒隐约可以嗅到彼时食物的香味……这些细小的生命体遗骸，都是肉眼无法直接观察到的，很多都需要经过处理提取后，放在显微镜下才能看见。然而它们一直都在那儿，守护着一个又一个故事，直到后来为人们所发现、解读。而元素、同位素这些则更加微观，需要借助仪器检测化为一串串数字，才能为人所知。对这些数字进行解读，同样也可以发现其背后的故事。这些故事，一个个串在一起，向我们展示了那些看不见、摸不着，但真真切切存在的历史。

　　正是借助这些手段，人们发现良渚古城所在区域，在良渚文化出现之前（大概 5000 多年前），完成了从潮滩向陆地的过渡，该区域水位逐渐下降，水域面积逐渐缩小，开始适合人类居住。良渚文化早期，这片土地主要是淡水湿地的环境，出现了早期的稻作农业种植，为良渚文化的兴盛奠定了物质基础。之后，这片土地进一步成陆，良渚人开始大规模种植水稻，人类活动加剧。良渚晚期，这里出现了大量的水生植物，反映出水域面积扩大，沼泽湿地变多，良渚先民渐渐遗弃了这片土地，良渚文化也就此衰落。除此之外，还有件比较有意思的小事，曾有人在良渚古城内的古河道遗址中取了一些土样，分析其中的寄生虫，发现良渚人当时可能将一些粪便排进了河道内，这也说明这条河道，并非良渚人的饮用水源。在一些良渚文化的遗址中，都曾发现过水井。考虑到这片区域海拔较低，地下水水位相对来说就比较高，良渚人可能只需挖个两三米，就能获取地下水。这些水经过较为细腻的泥土的过滤，相对来说较为清澈。试想下，如果良渚晚期海平面发生些许上升的话，这片地区由于离海较近，也有可能受到影响使得地下水中的含盐量升高，变得无法饮用。当然，这些只是笔者个人的臆测，尚未发现有相关的证据。

长河漫漫，许多事情终将随着时间的流逝而为人们所遗忘。一些看起来不那么重要的人或事，往往难以载入史册。但我们脚下的土地，终究还是不分高低贵贱，悉数将其写进那本浩瀚的大地之书中。后人借此，多少可以窥见前世的点滴片刻。这看不见的历史，很多时候比人们撰写的历史还要客观全面，它的笔触，不曾停歇。

Essence and Treasures:
The paleoenvironment, plants
and animals of Liangzhu

物华天宝：良渚古环境与动植物

第二章　良渚遗址的动物世界

　　动物的历史远久于人类的历史。如果将全部生物在地球上的发展历程比喻成一条不断延伸的线，那么人类的历史仅是上面的一个点。经过多年的动物形态学、解剖学、行为学、遗传学等方面的研究，我们发现黑猩猩和倭黑猩猩是与人类亲缘关系最近的灵长动物。可以说，物种的演化进程从未止步，人类之所以难以察觉这种进程，是由于幸运地利用智慧削弱了外界对于我们自身的影响。这样的"自救行为"使得人类克服了许多自身的缺陷，在不断进步的文明社会中获得了更多的自然资源和更为广阔的生存空间。

　　如今，人类早已成为世界上分布最为广泛的物种，但动物与人类的密切关联却一直没有中断。在人类征服世界的过程中，除了对动物资源的利用，还导致了某些物种的数量锐减甚至灭亡。尤其在近几百年的时间里，随着工业化的扩张，物种的灭绝速率是自然条件下的1000倍，是新物种形成速率的100万倍。一些动物虽然有着锋利的爪牙或是庞大的身躯，但并不具备人类那种改造自然的神奇能力，在天灾人祸面前仍然是弱势群体。而置身于良渚时期的动物世界中，人与自然的关系显然要更加和谐。

　　众所周知，中国土地广袤，幅员辽阔，纵向跨越近50个纬度，南北气候差异极大，不同地区的地质面貌也丰富多样。地貌地形、经纬度、水文地质、气象、植被、气候等不同的自然因素决定了各地区动物群的不同。距今 5300~4300 年的良渚文化在古地理气候上属于全新世大暖期时期的亚热带季风气候区。全新世大暖期以来，该地区气候温暖湿润，较现代更加暖湿。由于气候地带性变化的影响，太湖流域丘陵山区的地带性土壤，包括黄棕壤和红壤皆呈酸性，不利于遗迹遗物的保存；非地带性土壤则包括滨海平原盐土、冲积平原草甸土和太湖平原的沼泽土。其中，沼泽土是最适宜被改造成水稻田的。良渚古城遗址分布于天目山两支余脉大雄山丘陵和大遮山丘陵之间的东苕溪冲积平原上，连绵的青山、周围密集分布的河网和广布的湿地是野生动物理想的栖息地。这种优越的自然环境也为良渚先民提供了丰富的水资源、木材资源和矿产资源。得天独厚的自然环境使得良渚人不断发展壮大起来，人口数量更是以不可想象的速度增长着，大型建筑和水利系统陆续建立，人的身份等级日益森严，手工业、农业技术日益发展。

现在，我们发掘看到的不过是残断的骨骼，但是通过动物考古学研究的不断展开，它们昔日鲜活的样子仍可浮现眼前。通过动物考古种属鉴定，发现了方形环棱螺（Bellamya quadrata）、梨形环棱螺（Bellamya purificata）、帆蚌（Hyriopsis sp.）、圆顶珠蚌（Unio douglasiae）、中国尖脊蚌（Acuticosta chinensis）、扭蚌（Arconaia lanceolata)、鱼尾楔蚌(Cuneopsis pisciculus)、矛蚌(Lanceolaria sp.)、背瘤丽蚌(Lamprotula leai)、河蚬(Corbicula fluminea)、鲨鱼(Carcharhinus sp.)、鲤鱼(Cyprinus carpio)、草鱼(Ctenopharyngodon idellus)、鲶鱼(Silurus asotus)、乌鳢(Channa argus)、黄斑巨鳖(Rafetus swinhoei)、中华草龟(Chinemys reevesii)、环颈雉(Phasianus colchicus)、大雁(Anster sp.)、野鸭(Anas sp.)、鹤(Grus sp.)、鹰(Accipiter sp.)、红面猴(Macaca arctoides)、鼠(Mus sp.)、狗(Canis familaris)、虎(Panthera tigris)、水獭(Lutra lutra)、野猪(Sus scrofa)、家猪(Sus scrofa domesticus)、麂(Muntiacus sp.)、水鹿(Cervus unicolor)、梅花鹿(Cervus nippon)、麋鹿(Elaphurus davidianus)、圣水牛(Bubalus mephistopheles)等34个种属的动物遗存。对众多良渚文化遗址的考古研究表明，古代良渚人以稻作农业为主要的生业方式，以家畜饲养、狩猎、捕捞、采集作为食物补充方式，形成了相对合理的饮食结构。另外，良渚先民对动物资源的利用方式已经非常多样，动物的价值不仅仅是食用，动物的骨骼、牙齿和角可以制成各种装饰品、生活用品或者其他实用工具。

种类丰富的动物群构成了良渚人生活的一隅，沿河两岸的湿地、草地、芦苇丛中依稀可见他们追逐野兽的身影，河边的细砂印过他们捕鱼捞蚌的足迹，林荫小径仿佛还回荡着他们牧豕嬉闹的笑声。

一　动物考古在良渚

近些年来，中国的动物考古研究工作取得了很大的成绩，但仍然存在研究的空白区。浙江地区的动物考古研究基础十分薄弱，良渚文化众多遗址的动物考古学研究状况亦是如此。主要原因有二，一是长期以来缺乏专业的研究人员，二是很多遗址中出土的动物骨骼保存情况极差。

到目前为止，环太湖地区约 3.65 万平方千米的区域内发现了 600 多处良渚文化遗址，但已知出土动物遗存的良渚遗址仅有 20 余处。各遗址中动物骨骼的出土数量十分不均衡，少数几个遗址中仅出土几块动物骨骼，大多数则出土了几百件，像钟家港古河道遗址内出土几万件的情况则仅有一例。各遗址内动物遗存的保存情况也良莠不齐。迄今为止，做过系统动物考古学研究的遗址仅有几处，绝大部分仅做了简单整理和种属鉴定。虽然现在我们对于当时太湖流域可利用的动物资源已经有了一个初步的认识，但是在以往的研究中还存在着许多需要深入探讨的问题，很多研究结果仍需反复推敲。

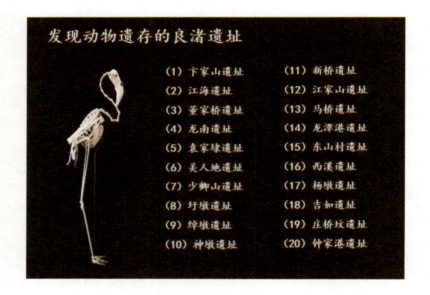

发现动物遗存的良渚遗址

（一）动物考古是什么？

　　每当我兴致勃勃地点开关于考古报导的新闻网页，想了解一下最新的考古动态时，总是会在评论区看到一些不理智的留言，因为他们不了解考古工作的意义。我想可能很多人都对考古工作产生过这样或者那样的误解。从大学开始学了考古学专业，找我鉴宝、看风水的人络绎不绝，然而我并不会这些，一个真正做考古的人又怎么会去搞收

一些神奇的问题

藏呢。另外，对于恐龙化石感兴趣的朋友也请不要再来找我了，我在此以弹幕形式列举了让我头疼的一小部分问题。

　　很显然，目前亟待解决的问题是面向公众的考古知识的普及和教育，让那些对考古学感兴趣的朋友可以真正地了解这门学科，让大家眼中的"冷门专业"能够接地气。这可能仍是一份吃力不讨好的差事，但是我们有责任、有义务来告诉公众"考古学的真相"到底是怎样的。

在世界范围内，动物考古学都是作为社会科学下设考古学的一门分支学科。只不过由于不同的学术传统，分类略有不同。由于中国传统金石学史观的影响，考古学一直与历史学紧密联系，直到近几年才从历史学中独立出来成为一级学科。在绝大多数国家中，考古学则从属于人类学；还有一小部分国家将考古学划入艺术史研究当中。不过它们研究的宗旨是一致的，那就是根据古代人类各种活动遗留下来的物质资料，研究人类古代社会。动物考古学也就是在这个概念的基础上把物质资料具象为动物遗存 ①，最终的目的是来研究人类活动和人类社会。也就是说我们运用各种方法和手段，就是要透过骨头来抚摸灵魂的。

另外，向大家介绍一部美剧《识骨寻踪（Bones）》。可能由于该剧的剧作家曾是一位法医人类学家，虽然也存在一些因为剧情需要而忽略科学精神的地方，不过作为一部电视剧而不是纪录片，很多情节都比较合理，包括一些尸检方法和实验室工作都与体质人类学的研究方法相似。相比现在已经严重泛滥的盗墓神剧真的是良心之作。据说有很多妹子都是因为看了这部剧而选择了考古专业（在中国考古学专业包含体质人类学方向，而在其他国家体质人类学与考古学则从属于

---

① 动物遗存：包括遗址内出土的动物骨骼、角、牙齿、软体动物壳体、骨骼制品、各类副产品、脚印、尿液、粪便等。

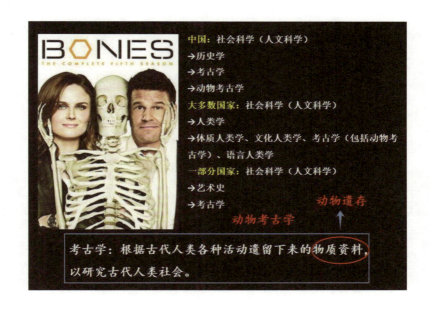

动物考古学的学科分类

人类学科）。

　　动物考古学以遗址中出土的动物遗存为主要研究对象，对遗存进行科学的系统采集后，综合运用解剖学、生物学、地质学、埋藏学、形态学、统计学、遗传学、分子生物学等学科的理论方法来解释动物在饮食、资源、环境、经济、礼仪等方面的作用。可见，从事这项研究的人员应该具备多学科的学习背景。动物考古学家们在研究过程中扮演着多重角色，可以是古生物学家、动物学家、地质学家、农学家、遗传学家、民族学家、人类学家，甚至是法医、兽医、猎人、旅行家、美食家、厨师。

考古学的最终研究目的在于"透物见人"，研究过程中最注重"以人为本"。那么，动物考古学就是以动物遗存为媒介，从而探索人类行为和与人类有关的一切。若是在遗址中发现了动物遗存，那么对于动物考古学家来说它的研究价值不亚于陶片、石器，甚至是金银器或古玉。随着研究方法和理论的不断发展和完善，从这座古代动物留给我们的巨大数据库中可以窥知的秘密越来越多。

虽然说动物考古学与古生物学并不相同，但是它们有一部分研究内容是重合的。在考古发掘工作中也偶尔会出现一些已经灭绝的动物，想要知道它们生前的样子就要完全通过骨骼形态和 DNA 检测等科学手段来完成。任何生物的肌肉都是附着于骨骼生长的，所以骨骼是还原动物外观的重要依据。对于已灭绝动物形态的复原并不是简单的通过骨骼形状照搬上去的，肌肉在骨骼上附着的情况和发达程度也是专业性很强的问题，越是强大有力的肌肉，韧带附着的痕迹会越明显，再加上后期动物体色和纹理的复原，没有专业知识是不可能完成的。当然，我们不能说合理复原没有想象的成分在里面，毕竟能从骨骼上知道的信息也就那么多。目前，在良渚遗址内出土的已灭绝动物有两种，一种是圣水牛，一种是黄斑巨鳖。圣水牛在很早之前就已经灭绝了，需要通过科学手段复原。黄斑巨鳖在中国境内为野生种灭绝，好在动物园中还有两只幸存，并有一定数量的图文资料。这两种动物会在下文中作详细介绍。

在人类还不具备解剖学知识的年代，很多骨骼被解读成神话中才会出现的动物。古代中国涌现出许多与动物相关的著作，《尚书·禹贡》《尔雅》《山海经》《海错图》《梦溪笔谈》以及各地方志等都是其中的杰出代表。在或写实或荒诞的典籍中，依稀可辨当时人类对于动物资源的认识和利用情况，其中不乏一些早已不存在的古老生命，或者一些本就源于编造的神奇物种。一部分动物的形象在人类不断探索中渐渐变得清晰，而另一些则永远消失在了我们想象世界的深处。古人的认识在目前看来可能并不算科学，不过仍可为研究人类活动与动物之间关系的动物考古学命题提供重要的线索。时至今日，在世界各地仍流传着很多神秘动物的传说，比如中国的龙、日本的河童、英国的尼斯湖水怪、喜马拉雅山区的雪怪、古希腊神话中的诸多怪兽等。在许多古代文明中，动物的形象并不单薄，它们是各种寓意的载体，甚至被人类看成"神鬼精怪"而受到供奉和崇拜。

　　下图是一件大象的头骨，单从形态来看和古希腊神话中描绘的独眼巨人确有几分相似。被人们误解为独眼的孔洞实际上通向大象的鼻腔，眼眶骨则在鼻骨两侧。良渚遗址中也出土过象牙制品，但是目前还没有发现过大象其他部位的骨骼，所以无法确定其为本地原生，也无法排除象牙制品通过贸易或其他渠道流通过来的可能。不过，良渚当时的自然环境的确适宜大象生存。

头骨　　　　　独眼巨人　　　　　大象

独眼巨人与大象

　　下图中的头骨来自于麂，是一种小型鹿科动物。有些人认为它的尖牙、小角和长嘴与神话传说中的龙有些像。仅有雄麂头上长有短小分叉的角，雌麂头上无角，上颌长有长且尖利的犬齿。麂是典型的食草动物，常栖息于荒漠、林地、灌丛和沼泽地区，善于游泳。良渚遗址中也出土过一些麂的骨骼。

中国传统
形象中的龙

麂

龙和麂

　　下图中鸭嘴兽的头骨像不像《加勒比海盗》中的章鱼人？实际上它只是萌萌的鸭嘴兽。头骨前端的两条细长骨骼不是章鱼的触须，而是鸭嘴两侧的骨骼。另外，章鱼从动物分类学上属于软体动物，灵活的触须内并没有骨骼支撑。

章鱼人与鸭嘴兽

所以光是有丰富的想象力是远远不够的，想要知道骨骼的真实身份还要多多学习动物考古学知识。

（二）野外取样

几乎所有参观过博物馆的人都会被琳琅满目的人类遗存所惊艳，却鲜少有人知道考古发掘工作的艰辛。对于就职于考古所的同行们来说，田野发掘是工作中必不可少的重要环节之一，有的人甚至年复一年地将热情和青春奉献给了文化层^①。每一个考古学家都是多面手，良好的沟通和应变能力使他们能处理好与各方之间的关系。项目申报、踏查钻探、青苗赔偿、民工统筹、发掘整理等都由考古领队一力承担，"衣食住行"皆由自己张罗。

　　从 2016 年 7 月入职以来，我几乎每天都会沿着荒野中的土路，步行去钟家港古河道遗址参加发掘和淘洗工作。这处遗址位于良渚古城内宫殿区以东，是城内的南北主干道。良渚古城内河网密布，水运是当时的主要交通方式。作为内城河的钟家港河道，还承担着提供生活、生产用水的功能。以往的发掘经验告诉我们，除了利用灰沟或者灰坑^②处理垃圾外，对自然充满敬畏的古人也很喜欢把生活垃圾堆放在河流两岸，并认为流水可以将它们带走。河流的净化能力在古人眼中被无限放大，甚至被神话了。钟家港河道是与自然河流相接的人工河道，它的流动性与自然河流相比很是有限。很明显，向其倾倒超过

---

① 文化层：古代人类活动遗留下来的遗迹、遗物等形成的堆积层，一定历史时期的文化模式会形成一个文化层，通过相互叠压的文化层之间的比较研究，可以看出文化的发展演变序列。
② 灰沟、灰坑：是一种遗迹，内部包含了许多古人有意识或无意识留下的遗物，一般作垃圾坑、窖穴、祭祀坑之用。

钟家港古河道遗址北区

其自净能力的垃圾是造成河道在良渚晚期被废弃乃至最后被填平的重要原因之一。

作为动物考古学研究的主角，大量动物遗存出现在了钟家港古河道遗址的发掘现场，足以令所有的动物考古学者摩拳擦掌、跃跃欲试。这些复杂多变的情况决定了遗迹、遗物的埋藏条件不尽相同。南方的土壤偏酸性，良渚文化墓葬中出土的人骨保存情况通常较差，多数骨骼仅存骨渣，给取样和研究工作带来了很大困难。而古河道内的骨骼保存在一个相对极端的环境下——饱水缺氧，这样一个偶然的埋藏条件恰恰使大量的骨骼被相对完好地保存至今。这与北方一些干旱地区的埋藏环境是相对的，极度缺水也会在很大程度上抑制有机物遗存[①]的腐烂。

河道内出土动物骨骼的增长速度十分惊人，似乎只要经过几天的发掘，就可以堆满库房的一角。在河道内，动物骨骼呈现出一种无序分布的自由状态，与各类遗物（陶片、植物种子、石器、玉料等）混

---

① 有机物遗存：骨头、木头或植物等遗物，与石头、金属、陶器等无机物遗存相对应，有机物与无机物相比更容易腐烂。但理论上来讲，如果埋藏条件合适，任何器物都可以保存下来。

钟家港古河道遗址探方剖面

出。尤其是在钟家港发掘区北段和南段，基本保持着几片陶片、一根骨头的高出土率。大家在寻找骨头方面似乎具备着某种特殊的能力，它们好像自己长了腿，会从淤泥里跳到我们手中。

　　尽量全面地收集资料对动物考古学研究有很大帮助，也就是说，在取样的时候不能够"嫌弃"保存情况差、风化程度较高的标本，也不能对破碎的骨骼弃之不顾。这种无差别收集的对象既包括破碎、细小的骨头，又包括保存完整的坚硬骨骼。通常情况下，由于许多考古发掘工地还没有条件配备专门从事动物考古学研究的科技人员，在确定动物遗存采样方案的时候，发掘人员需要向现场采样专家提供尽可能详细的发掘信息，并认真商讨后才确定下来。

钟家港古河道遗址内家猪头骨出土时的情况

　　钟家港古河道遗址采用的动物遗存收集方式主要包括全面的手工拣选和抽样筛选两种。

　　（1）手工拣选：手工拣选并不需要什么特殊的技巧，只是在发掘过程中按照地层来做逐层清理，并将每层的动物遗存分别收集，写编号、贴标签，以便后期整理之用。手选一般针对遗址内出土的保存情况较好的大块动物骨骼，这类骨骼风化程度较轻，在提取时不需要考虑现场加固的问题。对于一些保存程度差的骨骼或者一副完整骨架、有相对位置要求的标本则需要整体套箱提取，通常用木箱把标本及附近的土整体套取，再用石膏填充加固，封箱带回实验室才能做进一步的工作。因此，只需要准备一些基本用具，便可以进行取样了。首先在现场进行基本出土位置等基本信息的记录、画图、拍照、测量，然

适合手选的大块骨骼（皆为家猪上颌骨或下颌骨）

后根据保存状况选择合适的工具起取遗存，最后写标签，装袋。一份
详细的取样记录往往能够帮助我们在室内整理的时候，唤起对野外信
息的记忆。

<table>
<tr><td>米格纸</td><td>各种笔</td><td>标签纸</td></tr>
<tr><td>封口袋</td><td>相机</td><td>比例尺</td></tr>
<tr><td>卷尺</td><td>手铲</td><td>运动服　　水</td></tr>
</table>

手工拣选所需的工具

　　① 笔、米格记录本：用于现场记录骨骼标本的基本信息，主要包括出土的位置坐标、保存情况、出土状况、现场鉴定结果等，如果有时间也可进行简单的绘图。

　　② 标签纸：每件骨骼标本的"出生证明"，包括遗址名称、出土单位、编号、名称、采集方法、出土位置、记录人和日期。

③ 封口袋：骨骼的"临时安置点"，将标本和标签一同装进去，再带回实验室做进一步整理。

④ 相机：拍摄骨骼出土照、工作照。

⑤ 比例尺：拍照的好助手，以便从照片上直观地了解标本的大小尺寸。

⑥ 卷尺：以探方为基准，测量出土位置的坐标。

⑦ 手铲和竹签：手铲用于清理较为坚固的骨骼，或可带土与骨骼一同取回实验室再做清理；竹签用于清理较为脆弱的骨骼，或可带土与骨骼一同取回实验室再做清理。

⑧ 服装：穿着适于运动的宽松服装和运动鞋，注意防晒，如果探方内积水要穿雨靴。

⑨ 水：以备饮用，也可用于冲洗出土文物。

（2）抽样筛选法：考虑到遗址内土壤黏性较大，因此采取湿筛法来进行淘洗。淘洗网格规格为 4 毫米 ×4 毫米，这使得许多混在泥土中、不易被肉眼所察觉的较小动物遗存能够被筛出。首先抽样选取重点单位进行淘洗，将被选定的探方或遗迹单位内的填土逐层堆放在淘洗棚附近，并分别标号做出标识，以免在淘洗时出现地层混乱不清的情况。考古发掘所获得的出土物之所以有重要的研究价值，就是因为它有明确的"出身"，这是许多传世品所不具备的优势。我们以一小推车的土为单位计算淘洗的土量，每天民工大叔会把当天淘洗土的车数报上来。淘洗阿姨们穿着围裙，左手扶着正方形网筛，右手拿着刷子，刷洗着刚刚通过小推车运过来的土块。筛子大约有1~2厘米浸入水中，通过力道较小的刷洗，土块破碎，顺着网眼流入池中，而泥土中的较小包含物则呈现在了筛子上。用笊篱将这些细小遗存捞起，放在纱布上，在通风处阴干。最后，按地层分类后装箱，带回室内研究。

筛选得到各类较小的遗存

淘洗池　　　　　　　　　网筛　　　　　　　　刷子和簸箕

筑篱　　　　纱布　　　　　　周转箱　　　　　　小推车

淘洗备品

　　① 淘洗池：一般使用砖和水泥砌成的水池或者大型熟胶塑料箱子，由于池底很快会堆积一层厚厚的淤泥，每隔几天就要放水清理。

　　② 网筛：将铁丝网裁成方形，用木板做四边框，两边穿绳，悬挂在淘洗池上方的铁架上，方便移动。

　　③ 刷子：软毛刷或者植物杆做成的锅刷皆可，可将出土遗物表面的泥土去除。

　　④ 簸箕：用来装盛泥土或者洗净的出土物。

⑤ 笊篱：厨房用具，淘洗中用来捞一些炭屑和种子之类的轻浮物。

⑥ 纱布：较厚的纱布，接近于纱窗材质，用于晾晒淘洗出的出土物，可反复利用。

⑦ 周转箱：在淘洗之前为防止土块太过坚硬，可以先在周转箱内加水将其泡软，可大大提高淘洗效率。

⑧ 小推车：计算淘洗土量的神器。

经过系统采集和初步统计，钟家港古河道遗址中出土的动物遗存数量是目前已经发掘的良渚文化遗址中最多的。出土遗物装箱之后分类存放，防止与陶片、石制品等其他遗存混放，避免强烈的日光暴晒或被雨水淋湿，并由专人负责管理，以便安排日后的整理研究工作。

（三）实验室工作

完成了野外取样，我们终于可以安心地进入到实验室内，进行初步的整理工作。实验室工作主要有三方面内容：清理、拼对与编号、鉴定与标本、综合研究。因为专业性的原因，这里只简单介绍前两个方面。

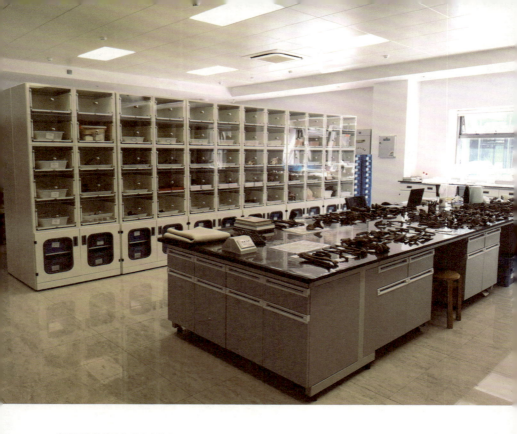

良渚工作站的动物考古实验室

（1）清理、拼对与编号

在动物考古学家眼中，每一件动物遗存都是值得被温柔对待的收藏品。在清理过程中，刷洗这些骨骼的时候尤为小心翼翼。钟家港古河道遗址中出土的动物遗存表面粘有很多泥土，严重影响了接下来的鉴定与研究。因此需将每件动物遗存上面的浮土用清水和软毛刷清洗干净，以便更清楚地观察骨骼形态及其表面残留的自然或人为原因形成的痕迹，且有利于对有新碴的骨骼进行拼对，以弥补发掘过程中对遗存的破坏，并还原其经历埋藏过程之后的真实状态。另外，对于一

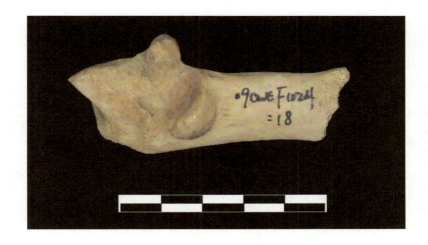

猪跟骨（09CWE F102 外∶18）

些能够拼对，但是有旧碴的动物骨骼遗存，可以根据其断裂处及骨骼
表面其他痕迹来推测其破碎原因、破碎过程，判断其由自然或人为方
式造成、是否为同一个体、是否代表某种特殊的人类行为等。

　　写号则需要严格遵循原始标签记录。编号要与其他人类遗存区别
开，单独编号，以便于之后的标本描述和分析研究工作。

动物骨骼编号方式：这块猪跟骨出土于二道井子遗址，遗址位于内蒙古自治区赤峰市红山区文钟镇二道井子村。出土骨骼一般根据发掘时间、地名和出土单位依次进行编号。09-2009 年发掘，C- 赤峰市，W- 文钟镇，E- 二道井子遗址，F- 房址，102- 遗址内第 102 座房址，18- 此房址内第 18 块骨骼。

（2）鉴定与标本

除了掌握动物考古学的理论知识之外，还要具有扎实的鉴定能力。鉴定的内容包括种属鉴定、性别鉴定、年龄鉴定、测量、痕迹及破碎度观察和病理现象分析等。对于动物骨骼的种属鉴定是开展一切工作的基础，相当于造房的地基，若是没有准确的判断，那么一切后续工作也就没有意义。在《中华人民共和国文物保护行业标准：田野考古出土动物标本采集及实验室操作规范》中，对于动物标本鉴定与分析的内容进行了较为全面的概括。

动物标本鉴定分析记录表

骨骼 编号		出土 遗址		出土 单位		采集 方法	
动物 种属		骨骼 名称		左 / 右		骨骼 部位	
破碎 程度		骨骼 数量		骨骼 重量		骨骺愈 合状况	
牙齿 状况				牙齿磨 蚀级别			
年龄				性别			
病变 现象							
人工 痕迹							
自然 痕迹							
测量 数据							
备注							
鉴定人				鉴定 日期			

整狗现生标本

在日常的鉴定中，我们可以利用的工具包括动物骨骼图谱、文献、标本照片、三维动物骨骼扫描图等，但是这些都没有实体标本那么直观。实际上，鉴定最主要是掌握动物骨骼的形态和诸多的特征点。在学习鉴定动物种属的时候，我们通常先对现代标本进行观察，并总结规律。之前有些孩子问我是不是有什么可以帮助动物考古学家们鉴定骨骼的神奇仪器，可能就是像 CT 机一样的东西，只要把需要鉴定的骨头推进去，然后"嘀"的一声就语音播报鉴定结果。我只想说这种机器真的不存在，以后也不会有。且不论各类测量数据的量要积累到怎样的程度，动物的诸多骨骼特征更是千差万别，这种判定远远不是机器所能实现的。人工鉴定仍然是最准确且科学的方法，鉴定准确率只取决于研究者鉴定水平的高低。

　　建立一个现生比对动物骨骼标本库需要长期的积累，如果经费充足可以选择向骨骼标本制造商购买。但是，制造这类标本往往是为了满足医学、生物学等学科的教学需求，很多标本并不是真正的动物骨骼，而是用塑料仿制的。虽然大多数教学标本的制作并不粗糙，但细节表达却远远低于种属鉴定关于骨骼特征点的要求。真正利用动物骨骼制成的标本数量并不多，种类也远远无法满足动物考古学家的需求，也就是说大多数珍贵的比对标本是花钱也买不到的。所以，动物考古学者们往往选择自己制作标本。

二 那些年，被人们误解的良渚动物

相信大家都知道"五谷丰登，六畜兴旺"这两个成语，六畜是指"马、牛、羊、猪、狗、鸡"，直到现在它们仍然是与我们中国人日常生活息息相关的家畜。正是因为如此，动物考古学中对于家畜起源的探索从没有停止过。新石器时代，这六种动物都已经出现在了中国北方地区，而且都已被人工饲养。但是通过骨骼形态学、分子生物学和遗传学等方面的研究证明，在良渚文化时期的浙江地区并不存在马、羊和鸡。也就是说，这三种驯化动物是从其他地区传入的。根据现在的研究成果，马和羊是从西亚逐渐传入黄河流域，而鸡则是从西南亚起源的。虽然浙江地区在新石器时代仅仅具备"三畜"而不是"六畜"，但是也发现了很多北方遗址中所没有的动物。鸟和鱼的种类明显更加丰富，哺乳类则包括很多北方所不具备的典型亚热带动物。

2016 年到 2017 年，我参与了钟家港古河道遗址的淘洗和发掘工作。通过对其中出土的大量动物遗存的初步观察，我得到了一些基本的结论：

① 动物骨骼大多出土于发掘区的北段和南段。

② 哺乳动物群亚热带特征显著。

③ 鸟类以湖泊、沼泽向鸟类居多。

④ 从出土的水生动物来看，绝大多数为河湖向淡水鱼类和软体类，海洋动物遗存只发现几颗鲨鱼牙，从出土情况来看属于工具或者装饰品类，大概是从沿海地区流通过来的。

⑤ 钟家港遗址出土的几种特殊动物是第一次被发现于良渚文化中。

⑥ 在所有哺乳动物中，猪骨的出土概率最高，其次是鹿等野生动物，当时存在饲养家猪为主的饲养业（可确定为家养动物的仅有猪和狗），同时以狩猎作为肉类食物补充方式。

⑦ 通过微痕观察发现了很多残留在骨骼表面的自然及人工痕迹，包括锯、砍、砸、劈裂、烧、磨、钻孔、刻划等痕迹。

⑧ 当时存在骨制品加工业。目前仅整理出了部分较为细碎的骨、角料，以及骨镞、骨簪、骨锥、骨凿、骨饰片、角锥、角锄等，基本为小型骨制品，加工方式以砸、锯、磨为主。

⑨ 遗址中也出土了很多人骨，骨骼表面有丰富的人工痕迹。

目前，钟家港古河道遗址的发掘工作还在继续，系统的动物考古学研究也刚刚展开。不过，很多近期的研究成果的确能够刷新大家对于良渚动物原有的认识。

（一）野猪还是家猪？

从目前的动物遗存出土情况来看，猪是与良渚人生活最为密切的动物。浙江地区发现猪的时间也非常早，在距今 8000 年左右的上山遗址中就曾出土过几件猪骨遗存。

下表是我搜集到的环太湖地区从跨湖桥文化到钱山漾、马桥文化时期的一些资料，通过对每个遗址中的数据整合，计算出了每个时期遗址内出土猪骨所占全部哺乳动物比例的平均值。可以说，从上山遗址发现猪骨以来，直到崧泽文化的几千年发展时间里，猪在哺乳动物中所占比重一直在十分缓慢地增长着。但是在这段时间内，猪并不是当时肉食资源的主要来源，牛、鹿等野生动物占据着更加明显的优势。而此时，黄河流域对于猪作为肉食资源的利用率则远远高于长江流域。

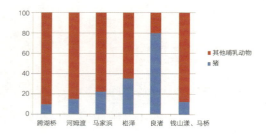

浙江地区新石器时代各个时期猪在哺乳动物中所占比例（从早到晚）

不同时期的浙江地区家猪头骨
1. 良渚（钟家港遗址）2. 南宋（凡石桥遗址）3. 现代家猪

目前，新石器时代考古是浙江省考古工作的重点，经过几十年的考古工作，已建立起完整的文化发展谱系。其中钱塘江以南的基本发展序列为"上山文化——跨湖桥文化——河姆渡文化"，且发现好川文化等遗存；钱塘江以北则主要表现为"马家浜文化——崧泽文化——良渚文化——钱山漾文化——广富林文化"的五个发展阶段。

十分引人瞩目的是，在良渚时期猪骨出土概率达到了一个高峰，远远大于之前的各个时期。在良渚文化的绝大多数遗址中，猪骨所占比例都达到了可鉴定哺乳动物出土概率的一半以上，各个遗址内猪在哺乳动物中的平均出土概率达到 80% 左右，其中，以卞家山遗址和钟家港古河道遗址内的为最多，接近 90%。但是在良渚文化之后，也就是钱山漾和马桥时期，猪的比例又跌至跨湖桥和河姆渡时期的水平，为 12% 左右，这代表了这一时期人类生业模式的重心可能发生了极大的改变，猪肉并不是主要的肉食资源。

之前有很多学者从形态学的角度判断良渚遗址内出土的猪骨为野猪猪骨，虽然形态学鉴定能帮我们区分种属，但是判断同种动物到底是家养和野生，仅仅以此为依据是远远不够的。由野生到驯化，从而能引起形态变化是一个较为漫长的过程，在良渚时期家猪身上的体现可能还不够明显，对于上下颌 M3 的测量数据往往也不能够说明问题。虽然一些家猪轻微的齿列扭曲现象已经出现，但是一些雄性个体差异仍然显著。（家猪出现齿列扭曲主要是由于人类饲养改变了其生活环境与饮食习惯，逐渐导致了其头骨发生形态变化，下颌骨的变化主要表现为齿列扭曲，骨骼退化使得长度变短，而牙齿还是那么多，引起了齿列扭曲生长呈现出较缓的"S"形。这就如人类智齿，智齿长在牙槽骨的末端，但是现代人的骨发生了退化，而智齿的牙胚却还在。智齿没有足够的生长空间，加上邻牙、软组织的阻碍，导致其在萌出的位置、方向、高度上发生异常。）因此对于年龄、性别的量化统计以及人工饲养所引起的病理现象的分析就变得尤为重要。家猪正常应该一岁半左右成年，在此时或者之前宰杀可以使肉量资源得到最大化利用。对本遗址内 55 件标本做抽样分析，结果基本符合这一规律。从数量统计方面来看，猪的数量也远远超过狩猎所能获得的数量。但

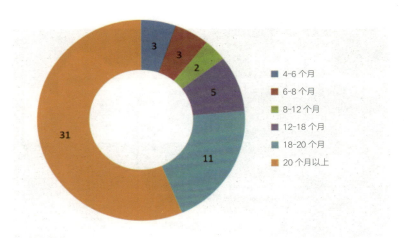

抽样标本年龄统计

不能否认的一点是，野猪的确是存在的，但是数量一定不多，是通过狩猎或者偶然事件获得的。

    线性牙釉质发育不全（LEH）是哺乳动物在牙冠形成的过程中出现的一种牙釉质的厚度缺陷，比较典型的表现为齿冠表面形成横向的一个或多个线、窝、槽。成釉细胞的釉质分泌对生理干扰非常敏感，一般这种病理现象的出现是由动物成长时期生理紧张而造成的。这种典型的病理现象常见于良渚遗址出土的家猪牙齿上。另外，骨折、骨质增生的现象也时有发现。家畜身上的病理现象与人类的饲养行为息息相关，从野生到人工干预，家畜在改变了生活习惯的同时也产生了

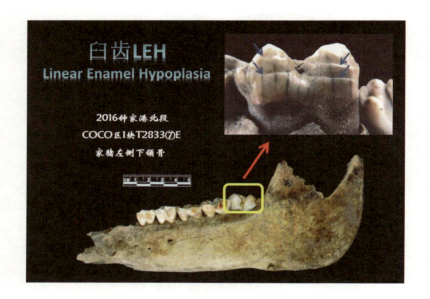

臼齿线性牙釉质发育不全现象

生理变化。包括人骨上也能够观察到骨质疏松等一系列和营养不良有
关的病变现象。在做动物考古学研究的时候，动物的骨病理现象也能
够作为驯化证据之一。 实际上不光是在良渚文化遗址中，包括仙坛庙
遗址在内的崧泽文化遗址中，家猪的形态数据与野猪也十分接近。实
际上这是环太湖地区史前遗址中的一个很普遍的现象，现在很多测量
标准在黄河流域或者内蒙古地区是十分有效的，但是环太湖地区的数
据似乎跳出了这个框框，因此多角度寻求线索是必须的。

良渚人饲养猪的方式与现代不同，可能还处于"放养"的状态。"放养"是指放牧者将猪赶到野外啃食植物或是捡食村落中的剩饭，之后再赶回圈栏。以这种养猪方式为主流的饲养习惯一直持续到秦汉时期，许多文献中称之为"牧豕"。直到东汉魏晋南北朝时期，猪才逐渐开始由放牧转为圈养为主。甚至到了近现代，一些少数民族地区仍然采取着这种原始的饲养方式，可以在很大程度上节约粮食。许多历史典籍上都记录了"牧豕"的情况。

少孤，年八岁为人牧豕。乡里徐子盛者，以《春秋经》授诸生数百人，宫过息庐下，乐其业，因就听经，遂请留门下，为诸生拾薪。

——《后汉书·承宫传》

梁鸿牧豕于上林苑中，曾误遗火，延及他舍。

——《后汉书·梁鸿传》

子晋牧豕，仙翁祝鸡。

——《龙文鞭影·卷之二八齐》

事母至孝牧豕于大泽中，以奉养焉。

——《二十六史·孙期传》

　　从野生到驯化，动物的饮食与生活方式的变化是动物发生形态变化最大的诱因，这种转变需要经历一个较为漫长的过程。上文中提到的"牧豕"现象虽然在一定程度上改变了猪先前作为野生动物的生存状态，但是并未完全像"圈养"一样，将猪置于封闭空间内定期投食，这可能减缓了野猪向家猪发生"形变"的进程，与北方遗址相比，一些驯化特征在良渚时期家猪身上的体现还不够明显。有一些研究动物考古的学者在看了良渚文化出土的猪骨之后，都非常惊讶，并且表示长得这样粗犷的家猪还是第一次见。对于死亡年龄、性别、数量统计、病理等现象的分析，再加上同位素的证据指向遗址中发现的猪骨可能存在松散（散养）管理的情况，表明多年来良渚遗址内被认为存在的大量野猪实际上是长相粗犷的家猪。

（二）圣水牛≠现代水牛

　　浙江地区自古以来就是典型的"鱼米之乡"，长期以来家养水牛即被认为与稻作农业关系密切。良渚文化的一部分遗址中又发现了"石犁"（一种薄而易碎的三角形磨制石器，一些学者认为其由人牵引使用或者并不是耕种工具），因此有些学者便顺理成章地认为具备发达稻作文明的良渚社会已经驯化了水牛。但是，作为畜力资源的驯化

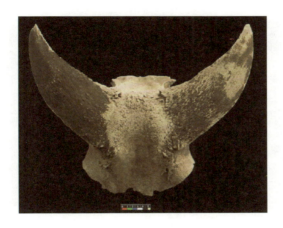

钟家港古河道遗址中出土的圣水牛头骨

水牛出现的时间可能远比我们想象中的要晚。各种研究结果表明，现在生活在亚洲的水牛与圣水牛并无关联，曾经广泛分布于中国本土的圣水牛的灭绝原因还是一个谜。

　　在良渚文化诸多遗址中出土的牛科动物的比例不是很高，其中唯一可以详细鉴定到种的牛科动物就是圣水牛。圣水牛最早于 1925 年被 A. T. Hopwood 发现于安阳，拉丁文写作 "Bubalus mephistopheles"。（动物考古学研究中，皆使用拉丁文对动物进行命名。对于已经鉴定好种属的骨骼，通常会按照门、纲、目、科、属、种的分类单位逐级进行记录。动物考古学家们在讨论遗址中的动物遗存时要用到双名命名法，将物种依据其共同点，按照科学分类的方法进行划分，包含了不同等级的分类单元。这一方法由瑞典人卡尔·林奈在《自然系统》中正式提出。）我们可以把圣水牛的拉丁文学名拆解来看，"bubalus"代表水牛属动物，"mephistopheles"则是中世纪神话中的恶魔。在歌德的《浮士德》中我们也可以见到魔鬼梅菲斯特的名字，浮士德将灵魂抵押给了他。我想 A. Hopwood 将圣水牛命名为"mephistopheles"，可能正是因为它长了一对十分像魔鬼的短而粗的弯角。

在 1928~1936 年安阳殷墟的发掘中，考古学家们发现了大量这种水牛的骨骼，德日进和杨钟健将其翻译成"圣水牛"，估计个体总数在 1000 以上。在杨钟健和刘东生的《安阳殷墟之哺乳动物群补遗》一文中提到，"不过安阳三种最多之种类（猪，四不像鹿，及圣水牛）为数既如此之多，即或非本地繁殖，来源必不甚远。而（圣）水牛之多，殆为气候与现在不尽相同之明证"。可能是受了今天"六畜"（马、牛、猪、羊、狗、鸡）观念的影响，一些古生物学家将圣水牛划分为家养动物。虽然直到现在仍然有一部分学者认为圣水牛是驯化水牛科动物，但是在数据和研究成果不断丰富的今天，我们对于它的认识更加客观了。

　　圣水牛的形态学鉴定主要以头骨为准，可以明显区别于如今生活在中国的水牛。圣水牛的头骨解剖特征为：角心极短而粗壮，全长的各部横截面皆为等腰三角形，前边和上边较平，下边微向下凸出；角心的棱很锐利，尤其是远端更甚；两角强烈地向后伸长，同时稍向内弯，从顶面观，两角心与额骨连成一较窄的新月形，角心上边平面与上颌齿保持平行。角骨与角心相比显得很大，枕骨在角后相当突出，额骨在角心和眼眶间下凹，枕骨宽而粗壮，副枕突粗。这是国内多个遗址将出土牛骨遗骸鉴定为圣水牛的主要依据[①]。另外，家养水牛的角长而纤细，掌骨和跖骨也很纤细，趾骨也很小。

　　圣水牛骨骼遗存在浙江的跨湖桥遗址、河姆渡遗址、罗家角遗址中都有发现，利用形态观察完全可以将圣水牛与其他水牛科动物分开。通过对良渚钟家港遗址中出土圣水牛骨骼的死亡年龄及痕迹研究，可以得出有关屠宰模式的信息，从年龄的无序分布状态来看，这里的圣水牛极有可能是通过狩猎获得的。另外，从圣水牛DNA的单倍型多样性推测其为野生动物。圣水牛在被人类驯化之前就已经灭绝了，现在南方地区存在的作为畜力资源的水牛并非圣水牛的后代。

---

① 中国科学院古脊椎动物与古人类研究所：《中国脊椎动物化石手册》编写组：《中国脊椎动物化石手册》，第610—616页，科学出版社，1979年。

（三）黄斑巨鳖、太湖鼋、癞头鼋、斯氏鳖还是斑鳖？

龟鳖类动物是与恐龙同时代的爬行动物，它们经历了地壳运动、气候突变引起的生物浩劫，见证了恐龙的灭亡并幸存至今。在几亿年的进化历程中，它们在形态特征方面的进化极其缓慢。如今，从它们身上我们依稀可以辨别出远古生物的样貌。在漫长的发展过程中，人类除为了生计对共生花木鸟兽进行索取之外，逐渐对其中一些物种产生了更深层次的思考。从"食龟"到"龟卜"同样经历了类似的阶段。龟腹背皆有硬甲，头尾与四肢能缩进甲内，耐饥渴，寿命极长。相比古人不过数十年的生命，龟鳖类动物到底是受到了何种眷顾才能够如此长寿。大概正是出于人类对于生命的渴求和未知的迷惘，龟在中华文化中一直拥有很高的地位。

在良渚文化时期，还未出现龟灵崇拜的迹象，但是"食龟"确是一种普遍现象。良渚文化遗址中曾出土过一些龟鳖类动物（多数为小型淡水龟）的甲壳和骨骼，在钟家港古河道遗址中我们发现了数十件黄斑巨鳖（Rafetus swinhoei）的腹甲遗存。黄斑巨鳖是目前世界上最大的龟鳖类动物之一，中国境内的野生种已经灭绝，仅在苏州动物园和长沙动物园各存活一只。

对于黄斑巨鳖的称呼很多，它的分类学名称也是近十几年才确定

黄斑巨鳖腹甲

下来的。这种动物出现了很多名字，比如我们在文献中看到的"太湖
鼋""癞头鼋""斯氏鳖""斑鳖"都可能是对它的称呼。黄斑巨鳖的
体量非常大，一只 100 岁左右的黄斑巨鳖就像是一个小澡盆。它们在
地球上存在的时间达到了 2.7 亿年，寿命可以达到 400 余岁。在桐乡
罗家角遗址中出土的当时被鉴定为太湖鼋的甲板实际上就是黄斑巨鳖
的甲板。

在古代没有对动物系统分类的时候，仅对这种龟鳖类动物实行泛称。《礼记》是最早提到"鼋"的书籍，当时提到的鼍、龟、鼋都作为独立的动物出现。

天子居明堂右个，乘朱路，驾赤駵，载赤旗，衣朱衣，服赤玉。食菽与鸡，其器高以粗。命渔师伐蛟取鼍，登龟取鼋。命泽人纳材苇。

——《礼记·月令》

历代对鼋的解释无外乎"大鳖"二字，很笼统。现代的动物考古学研究就是要从这些所谓的"大鳖"中分辨出各个种类的鳖和鼋。

甲虫惟鼋最大，故字从元，元者大也。

——东汉·许慎《说文解字》

鼋，大鳖也。

——唐末五代·杜光庭《录异记·异龙》

鼋之大者，阔或至一二丈。

——宋·罗愿《尔雅翼》

鼋生南方江湖中，大者围一二丈，南人捕食之。

——明·李时珍《本草纲目·集解》

鼋如鳖而大，有重至四五十斤者，头上有磊块，故俗称癞头鼋，今放生池皆有之。

——民国《吴县志》

根据调查，它曾广泛分布于我国的黄河、长江、太湖、钱塘江、红河、马江流域和台湾澎湖水道，在这些区域历史上记录的各种类别的"鼋"实际上绝大多数为黄斑巨鳖。在中国长江下游、钱塘江、太湖流域的野生种于 20 世纪末灭绝。如今，黄斑巨鳖被列入国际自然保护联盟（IUCN）濒危物种红色名录，是中国一级保护野生动物。这种动物的历史变迁与扬子鳄、麋鹿十分相似，生存范围及数量越来越少，人为捕杀和生态破坏是最主要的原因。

尽管没有华南虎和大熊猫那么出名，但由于动物保护意识的增强，黄斑巨鳖在近些年受到了越来越多的媒体关注，包括美国公共电视网和国家地理杂志。学术机构和团体则以两栖爬行动物保护协会（CSAR）和世界龟鳖生存联盟（TSA—Turtle Survival Alliance）为代表，前者偏向于公益性的动物保护，后者偏向于学术研究。

Yangtze Giant Softshell Turtle (Rafetus swinhoei)

Rafetus Swinhoei Update

It is with great disappointment that TSA must report that the latest attempt to artificially inseminate the last known female Yangtze Giant Softshell *Rafetus swinhoei* has proven unsuccessful.

With only three known individuals remaining, two in captivity in China and one in a lake in Vietnam, *R. swinhoei* has the dubious distinction of being the most endangered turtle species on Earth. Previous attempts at natural mating and traditional cloacal artificial insemination had failed, prompting TSA, our allies, and Chinese zoologists to attempt a bold procedure in April 2016, in which Dr. Gerald Kutchling lead a surgical team in an artificial insemination attempt that bypassed the complex cloaca and injected semen directly into the anesthetized female's oviducts. Hopes were high that at long last, fertile eggs would be produced.

SEARCH

Searched for: **rafetus swinhoei**
Total: **16** results found.

关于黄斑巨鳖的报道

　　但是即使受到了这么多的关注，世界上已知仅存的 4 只活体黄斑巨鳖也难以重现昔日族群的繁盛景象。动物保护者们除了继续开展动物园内幸存活体的人工生殖（可能性不大）外，还需要继续寻找和保护野生黄斑巨鳖种群，这在红河流域仍有希望。另外，在越南河内市的还剑湖和东莫水库中还发现过两只。

（四）鸡还是雉？

　　家鸡是全世界最为普及的禽类，是人类获取动物性蛋白质最为经济有效的来源，估计世界上再没有第二种驯化动物会像鸡一样如此广泛地被饲养作为人类最重要的肉食来源之一。然而这种禽类在何时何地被驯化，学者们仍然无法给出一个明确的答案。最早可以确定养殖家鸡的证据来自于印度河流域的哈拉帕文化（约公元前 2500 年～前 2100 年），直到今天这一地区仍然分布着大量的原鸡（家鸡由原鸡驯化而来）。有学者推测，起初人类驯化鸡是用作娱乐的，当时绘制的图像充分说明了这一点。直到公元前 1000 年左右，鸡仍然被禁止食用，它在宗教仪式中也有重要作用。

　　目前，中国可确认最早出土家鸡的遗址是商代安阳殷墟遗址。毫无疑问，良渚时期并不存在家鸡。但是在一些良渚时期动物考古方面的研究资料（草鞋山遗址、马桥遗址）中，都提到当时有人工饲养的鸡或者直接提到良渚人以鸡、鸭、鹅这些家禽为食的情况。其实不仅是良渚遗址，很多遗址的研究都存在着相似的问题。比如之前有学者就北方某公元前 5000 多年遗址内所谓的鸡骨做了稳定同位素分析，认为鸡为家养无疑，但可能是由于工作的疏忽，从论文上的图片来看，被检测的是狗骨；又如之前某学者做的关于中国早期家鸡线粒体

良渚时期的鸟类
（上行为野鸭、大雁、天鹅，下行为环颈雉、鹤、鹰）

DNA 的研究中，所取样的三个遗址中的鸡骨实际上都是环颈雉（野鸡）
的骨骼。类似的乌龙事件很多，所以造就了史前遗址中家鸡遍布中华
大地的现象。造成这些乌龙最主要的原因就是忽略基础的鉴定工作，
连被检测对象是什么都没弄清，怎么可能得到正确的结论。在研究过
程中一味去追逐什么高大上的仪器或是做了什么样的检测并不是什么
了不起的事情，科技手段固然重要，但是没有做好基础工作，没有良
好的研究思路和分析论证，都是无用的。

从动物分类学中我们知道，家鸡是从原鸡驯化而来，与环颈雉同
为鸡形目动物，在形态上存在很多相似点。但是鸡和环颈雉是两个不

同种属的动物，通过形态学观察很容易捕捉到它们的区别。另外，禽类对于自然环境十分敏感，现在东南亚现存的原鸡数量比较多，从现今的生活环境来看，它们的分布范围皆在北回归线以南，可以说良渚时期存在原鸡的可能性也比较小，即使在太湖流域真的存在原鸡，还需要结合更多的出土资料来证明。从原鸡到鸡，中间经历了漫长的驯化过程。我认为到目前为止，良渚遗址内并没有证明家禽存在的有力证据。

那么良渚遗址中可以鉴定出的野生鸟类又有哪些呢？主要包括野鸭、大雁、环颈雉、天鹅、鹰、鹤等，其中又以野鸭和大雁数量较多。从种类构成来看，为典型的湖泊、沼泽向鸟类。和哺乳动物相比，鸟类所占比例较少，从目前所做的统计数据来看，不到 1%。

（五）绵羊、山羊还是苏门羚？

前一段时间我在一个微信公众号推送里看到了一家饭店的宣传文章，大概内容就是饭店通过良渚人的饮食设计了几道特色菜。其中有几道菜还算中规中矩，比如炒菱角、牛肉之类的，接着菜谱上赫然就出现了鸡、鸭这类家禽，我咬咬牙也就忍了。不过看到最后一道红烧羊肉之后，我差点喷出一口老血。虽然只是商家为了吸引食客的营销手段，但是功课做得实在不够。

　　羊是在龙山时期（距今 4000 年左右）才传入中国北方地区的，所以良渚先民是真的没有吃过羊。不过，浙江地区史前遗址（河姆渡遗址）中倒是出土过羊的近亲——苏门羚（Capricornissumatraensis）。苏门羚也是羊亚科动物，外形像长腿黑山羊，它的骨骼倒是可能被错认成羊骨。只是不知道随着发掘工作的不断开展，会不会在良渚遗址中也发现苏门羚。

　　从现在的研究资料来看，羊最早出现于浙江地区是在宋代。宋代的家畜种类已经十分丰富，这得益于品种的改良和新物种的引进。将北方物种引入到南方繁育的成功案例，莫过于浙江地区最具代表性的胡（湖）羊。胡羊在太湖平原的育成和饲养已有 800 多年的历史，由于受到太湖平原的自然条件和人为选择的影响，逐渐被育成一个特有品种。胡羊最初进入现在的长兴、安吉等地，主要因其具备的丘陵、山区、草地等地貌环境与北方较为相似。湖州地区则是典型的江南景观，属于亚热带季风区，不适于习惯了北方干旱地区的绵羊生存。当地人利用了"圈养舍饲"的方式，通过不断的驯化、育种将北方绵羊逐渐培育成了适合本地生长的胡羊。作为理想型经济动物的胡绵羊除了提供肉、奶资源外，它的羊毛副产品也十分优秀。

虽然胡羊的祖先是北方绵羊，但是正所谓"一方水土养一方羊"，吃惯了北方羊肉的我如果不看骨头也完全无法将两者联系在一起，至少从味道上，它们已经完全分化成两个物种了。

三　良渚人与兽同行

《史记·列传·货殖列传》中提到："楚越之地，地广人希（稀），饭稻羹鱼，或火耕而水耨，果隋蠃蛤，不待贾而足，地埶饶食，无饥馑之患。"这段记载形象地描写了西汉时期浙江地区的生业方式，即以水稻和鱼类为食，放火烧荒，耕种水田，采集植物果实和贝类，无须向商人购买粮食，也可自给自足。时至今日，"饭稻羹鱼"仍是长江中下游饮食文化圈的典型特征。

随着各学科综合研究的不断深入，越来越多的学者将良渚时期的生活场景描绘为"饭稻羹鱼"。虽然稻米和水产品可以在一定程度上为人类的生存提供日常所需的能量和营养物质，但是与哺乳动物和鸟类所带来的肉食资源及副产品相比，它们在膳食的营养构成上就略显单薄了。从多处良渚遗址中出土的猪骨来分析，当时无疑已经出现了家猪饲养的行为。而狩猎野生动物，尤其是各类鹿科动物已经成为肉类资源的重要补充形式之一。现代营养学知识告诉我们，蛋白质是构成人体结构的主要部分，肌肉和神经系统中的蛋白质最多，动物性蛋白质所含氨基酸的种类和比例比植物性蛋白质更符合人体的需要。饲养和狩猎经济的存在，反映出良渚先民对于食物品质的追求层次已经升到了一个新的高度，他们可能更注重于饮食的营养均衡，这是一种对于营养知识的原始认知。因此，如果我们今天对于良渚人食谱的认识还停留在"饭稻羹鱼"的层面，明显是不够的，至少还要加上一句"饲猪狩鹿"才更为合适。

（一）见"微"知著

动物考古学研究的一项重要内容就是微痕研究，一说到骨骼表面上的各种微痕，就不得不提到骨骼改造的概念。骨骼改造是指在各种因素作用下造成的骨骼及牙齿正常形态和结构的改变，可分为破碎和痕迹两种情况。骨骼表面痕迹可以根据成因分为三类：一是自然作用对骨骼产生破坏的物理风化（风吹日晒、流水侵蚀、风沙侵蚀等）和化学风化（酸性土壤侵蚀、植物根系生发、细菌和酸雨腐蚀等）作用，以及对骨骼产生保护（淋滤作用）的各种作用；二是动物作用，主要包括食肉类动物的咬痕、抓痕、消化腐蚀痕迹，啮齿类动物的咬痕，有蹄类动物的踩踏痕迹和咬痕等；三是人为作用，包括砸、砍、割、锯、劈、沟裂、剔刮、磨、烧、烤、钻孔和染色等，这与人类狩猎、屠宰、剥皮、肢解、剔肉、取髓、烹饪和制作骨器等各种行为息息相关。

　　良渚文化遗址中出土了数量众多、种类丰富的动物遗存。无论是埋藏条件，还是复杂的人类行为，都极易使骨骼表面形成各种类型的痕迹。在埋藏过程中，自然因素是对骨骼影响最广泛的作用。从自然作用来看，良渚文化墓葬或者生产、生活类遗址中埋藏的骨骼保存情况大多不好，因为酸性土壤对骨骼腐蚀性很强，在湿热地区破坏力更大；而古河道内的骨骼由于长期处于饱水缺氧的环境中保存较好，因此上面的很多人工痕迹得以保留。

　　另外，动物作用在骨骼表面形成的痕迹往往很容易观察得到。在所有动物中，对于骨骼破坏最为严重的就是食肉类动物，其次是啮齿类动物。在以往的动物考古学研究中，我们发现动物在骨骼表面形成的痕迹以咬痕居多，其次是抓痕和踩踏等痕迹。动物的踩踏痕迹最难与人为作用形成的骨骼破碎相区分。同时，不能忽视动物对骨骼的搬运作用，这严重影响到对骨骼单元分布的分析与研究。在良渚遗址中出现最多的动物痕迹就是啮齿类动物的咬痕。各种鼠类和豪猪等啮齿类动物，因门齿终身生长，都有磨牙的习惯。啮齿类的门齿呈圆柱状，齿痕的横截面呈"U"字形，齿痕平行，并且成组分布。每组齿痕都由浅入深，再由深到浅。齿痕一般会留在骨骼表面，不会将骨壁咬穿，且较为细密。

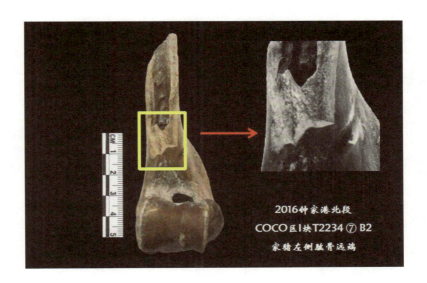

2016钟家港北段
COCO区I块T2234 ⑦ B2
家猪左侧肱骨远端

猪肱骨上的砸痕

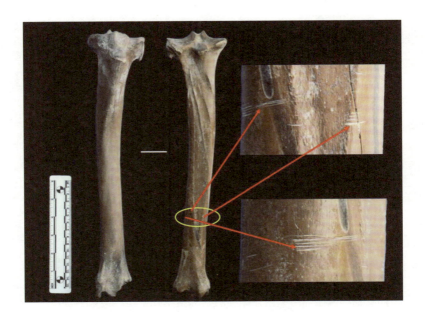

鹿胫骨上的切割痕迹

　　撇开上述自然和动物因素的影响，把各种人为因素造成的痕迹作为切入点，通过微痕观察与研究，对于探究古代人类行为活动、复原古代人类社会皆具有非常重要的意义。良渚遗址中动物遗存上发现的人工痕迹主要包括锯痕、切割痕、砸痕、砍痕、劈裂痕、沟裂、烧痕、钻孔、磨痕、刻划痕等。总之，形成这些痕迹的原因多种多样，不过有两种原因是最常见的。绝大多数痕迹是由屠宰和食用造成的，另一种情况则是利用动物骨骼制作骨制品形成的。

　　下面给大家列举几种良渚遗址中常见的人工痕迹：

　　（1）砸痕：用钝器砸击骨头。若以砸骨取髓为目的，砸击部位多在长骨的骨干中间部位；若是以截骨取料制作骨器为目的，砸击部位多在近骨骺两端。砸击骨壁时，骨内壁会有骨片脱落，骨骼上会出现明显的打击点，断口形状不规则。在改料和修整骨器时，会在骨骼内壁留下很多连续且比较规整的修理痕迹，与上述使用钝器截料以及砸骨取髓的方法不同，在骨骼表面上留下的痕迹相对要细致规整得多。

　　（2）切割痕：切割一般有三种作用，即剥皮、肢解、剔肉。当产生了进行屠宰和肢解动物的专门人员，这些割痕将会变得非常规则，包括各种痕迹出现的部位和频率都将变得极有规律。这是在长时间经验的积累下逐渐形成的较为固定的手法和技术。

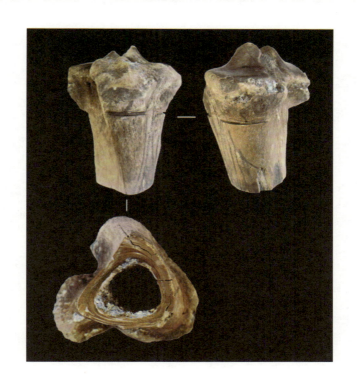

牛胫骨近端的锯痕

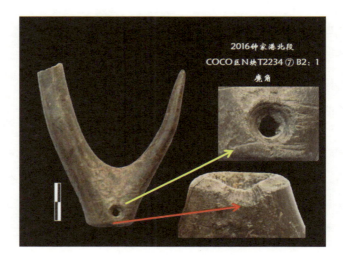

麋角上的锯痕、钻孔和啮齿类动物咬痕

（3）锯痕：工具与骨体长轴垂直的往返运动，形成窄而深的锯痕。锯一般分为硬锯和软锯，不同类型的锯形成的骨骼断口在形式上有很大区别。在良渚遗址中常用于截料和装饰品加工方面。

硬锯造成的断口平齐，一般作用于哺乳动物较为厚重坚硬的骨骼之上。常见的有向一个方向锯断和锯的过程中不断转换方向两种情况。锯断的骨骼会在断口处留下细小的平行擦痕，我们可以根据擦痕的方向来判断用锯的手法。有一些骨骼不是直接被锯断的，而是存在先锯一部分，再将剩下的部分折断的做法。

软锯大多是动物的筋皮制成，一般用于装饰品制作方面。它比硬锯更容易控制受力和处理成所需要的形状。留下的痕迹较为圆滑，基本无棱角，在骨料的两边会留下有弧度的圆钝凹槽。

（4）钻孔：多出现在装饰品上，可以穿绳，方便佩戴，或者是出现在复合工具上使刃、柄紧密结合，便于使用。钻孔的工具和方法有很多，一般体现为磨、挖、钻等几种形式。在不断的实践中，逐渐成熟起来的技术使得孔洞很圆且边缘规整。钻孔一般有单面钻孔和双面对钻两种类型。在良渚遗址中，这两种钻孔方式都存在。

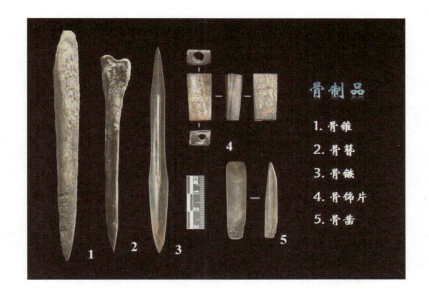

钟家港遗址出土骨制品

（二）制骨成器

骨、角、蚌器的制作是人类最早的手工业生产形式之一，在居住址、加工制造场所和墓葬等遗迹内较为常见。骨、角、蚌器的用途广泛，种类极多，在当时的生产、生活领域都占有极其重要的地位。

在钟家港古河道遗址中，通过淘洗和初步整理发现了部分较为细碎的骨、角料，以及骨镞、骨簪、骨锥、骨凿、骨饰片、角锥、角锄等，大多为磨制的小型骨制品，包括工具、武器和装饰品，原料多为大中型哺乳动物长骨或者鹿角。骨制品选料基本原则就是最大程度减少用时用料，降低劳动强度。良渚先民的生存条件十分有限，对于原料的选择和利用往往是从实用性出发的。一般选用大型哺乳动物的长骨，或者是鹿类的角及坚硬的大型牙齿。不过他们通过长期的观察实践，也逐渐学会了对于特殊形态骨骼原料的巧妙运用。例如角锥的制作多选用动物的角尖部位，直接截断尖部，经过简单修整即可制成。几乎可以确定，选最适合的材料，用最容易操作的加工工序做成的骨器就是最理想的。

要将截取的骨料按照需要改成更小的素材，在遗址中常见的方法主要包括劈裂法、砸击法和沟裂法三种。1）劈裂法，利用较为锐利的工具，由骨管的一端纵向劈裂，会得到较为规整的骨片，断口平齐无疤痕。2）砸击法，将骨管中部放在石砧上，用石锤砸击，骨管劈裂壳形成两端不规则的尖锐骨片。在断裂面内壁有两个大的打击点和剥离的片疤。3）沟裂法，先根据要制作的骨器将之前截好的骨料平均分成几份，在长骨外壁用尖锐的利器刻上宽深沟槽，采用楔裂的方式使其裂开，取得想要加工的骨料。

随后，根据想要制作的工具进一步修整骨料，形成工具的基本形状。基本定型的工具就完全可以使用了，磨制修理是为了使工具更加锋利耐用或者使装饰品更加美观。经过磨制的骨器表面光滑，磨痕细弱。从出土的骨料及骨制品可以看出，良渚先民对骨器的加工已经形成了固定的规模，并且具备相对标准化的生产流程，仅加工一些较为简单的生产、生活用具，器类单调、器型简单。

（三）动物形象（玉器与其他艺术品中的动物形象）

良渚玉器是一种以纹饰图案为主要内涵和特征的玉器文化。半人半兽的神人兽面纹及其变异的形态遍布良渚文化的分布范围，贯穿良渚文化发展的始终，是绝大多数玉器图案的主题。此外，良渚玉器的主要纹饰还包括鸟纹、龙首纹等，玉器的纹样及其形态共同构成了良渚玉器的特殊文化意义。

良渚时期的动物形象通常利用三种方式来表现，玉雕动物、陶器刻画符号和陶塑。

玉雕动物较为写实，可分为立体圆雕和平面琢刻两大类。立体圆雕动物包括鸟、蝉、鱼、龟等，平面琢刻动物主要为鸟。这些玉雕动物基本上都出土于良渚文化的墓葬中（张陵山、反山、瑶山等）。立体圆雕动物正面弧凸，背面平整，上面多有隧孔，可作为缝缀饰件。

与玉雕动物相比，刻画符号的制作明显更加随意，绝大多数刻画符号像幼儿的简笔画。不过，所表达的动物造型更加多样，包括鸟、鹿、鳄鱼、龟、龙等，还有很多难以辨认种类的动物。

动物陶塑的出土数量很少，仅发现过较小的陶象和陶猪。

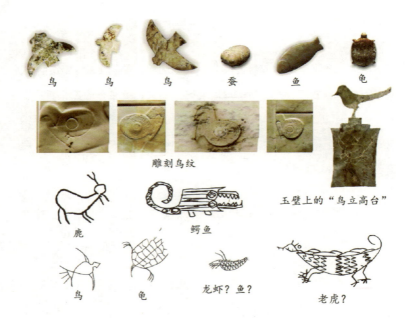

鸟　　　鸟　　　鸟　　　蚕　　　鱼　　　龟

雕刻鸟纹

玉璧上的"鸟立高台"

鹿　　　　　鳄鱼

鸟　　　龟　　　龙虾？鱼？　　　老虎？

良渚的动物形象

　　总体而言，鸟是良渚文化动物图像中最为丰富的题材，也是除神人兽面图案之外最常见的纹饰，一般位于神人兽面纹的从属位置——其左右或下方，一个神徽与两只鸟纹相对应。鸟纹是神人兽面纹主题纹样的组成部分，不具有独立层次的崇拜意义。鸟纹主要见于玉琮、冠状饰、玉璜及三叉形器等玉器上。玉鸟和艺术化的鸟纹或鸟符，均

可视为对东方沿海和东南地区鸟崇拜传统的承袭和发展。与其他新石
器文化（红山、凌家滩、石家河）中发现的形态各异的鹰、隼等猛禽
类形象相比，良渚的鸟形象更加温和。鸟的喙部皆短小而直，表现出
的是雀、鸽类的形象。虽然不能凭借这些艺术创作来判断鸟的种属，
但是创作总能在一定程度上反映动物真实的特点。

　　良渚时期其他动物形象出现频率不高，但是也能够反映出它们
与良渚人的生活息息相关。在长期的共生中，人类通过狩猎各种野生
动物以满足生存需要，除为了生计对共生花木鸟兽进行索取之外，逐
渐对其中一些物种产生了更深层次的思考，从而利用艺术手段加以创
作。这可能就是丰富多彩的动物形象得以存留后世的重要原因。

Essence and Treasures:
The paleoenvironment, plants
and animals of Liangzhu

物华天宝：良渚古环境与动植物

第三章　良渚遗址的植物乐园

　　打开人类的文明史册，人与自然是其中的基本主题，而文化是人类的特有创造，在自然与文化的互动之中，人类从亿万物种中突现出来，成为万物的灵长……在漫长的农耕社会，人类创造了具有田园意趣，以自然启示人格和艺术的人文文化。那时的自然，既是外在于人类的物化世界，也是自然而然、率性而行的一种精神秉赋。那时的人类，对自然的世界充满敬畏和热爱之情，对自然的精神满怀眷恋和憧憬……

——周光召：创造文化生态，《人与自然》丛书（总序）

　　人之所赖以生存的衣食住行等无不是取自大自然。

——季羡林：走向天人合一，《人与自然》丛书（总序）

一 植物考古学的产生

  人类自诞生之日起，方方面面都离不开大自然的馈赠。无论是几千年前的古人，还是如今发达社会的现代人，都要吃饭穿衣，只不过形式有所谓的落后和先进之分而已。我们常常在各种书本的插画中看到史前时期人们的穿着——赤膊或者腰间要么围着一块花花的野兽毛皮，要么围着密密实实的绿叶，甚至直到现在，还有一些原始部落只穿兽皮和树叶。在农业产生之前的日子里，古人们为了生存下去，熟知大自然中的各种资源并加以利用：强壮的男劳力负责打猎，获取美味的肉食，体力稍弱的女人们则三五成群、说说笑笑地去采摘成熟的野果子，一顿丰盛的晚餐便诞生了。还不会建房子、没有定居生活的古人当然不会像现代人那样每天打扫，一顿饕餮盛宴之后的场地一片狼藉，中间的篝火还跳跃着昏黄的火苗，大自然的"主人"们已经睡去，第二天一早，他们又一路高歌着赶往下一个水草丰美的地点。

  长年累月的奔波终于使先民们有了定居的打算，于是在水源充足和资源丰富的地方安定了下来。世代相传和自身的经验足以让他们了解到哪些植物能吃，哪些植物还可以种植以获得更多的收获，慢慢地，最初的农业产生了。有了固定家园的人们不能再像以前一样，吃完大餐留下一堆垃圾就离开，而是开始清扫住所，挖设专门的坑来存放垃圾，在炎热的夏季，食物残渣放久了就会散发出腐臭的味道，为了避免这种情况的发生，火起到了非常重要的作用，一把火丢进垃圾坑，保证烧得干干净净。

由于材质构成的不同，总有一些东西没有被烧成灰烬，而是被烧成了炭保存下来，这个过程就叫作"炭化"。不同的材质被烧成炭所经历的温度和时间不一样，经过现在的炭化模拟实验，大米的炭化温度大概在 180℃~210℃，小麦的炭化温度在 215℃~315℃[①]，随着温度的增高，炭化的时间相应地缩短。炭化后的果核、种子像化石一样，没有了生命体征，也不再能发芽出苗、繁衍后代，只能静静地躺在那里，等待一千年又一千年的潮起潮落、沧海桑田，直到考古学家们的出现，使它们得以重见天日，借助考古人的笔尖诉说千年前的故事。

当然，并非只有炭化才能使脆弱的植物遗存保存下来，在极干旱和极湿润的环境下一样可以发现保存完好的植物遗存。比如 20 世纪 50 年代在辽宁新金县泡子屯的泥炭土层里发现的古莲子，碳十四测年

---

① 王祁、陈雪香、蒋志龙等：《炭化模拟实验在植物考古研究中的意义》，《南方文物》2015 年第 3 期，第 197 页。

喇家遗址未炭化的面条（距今约 4000 年）

结果为距今约 1000 年前，经过培育后还开出了荷花①。新疆地区也时有考古发现风干的人骨和植物种子。

---

① 　马勋:《中国古莲子》,《中国植物学会植物园分会第十五次学术讨论会论文集》, 2000 年，第 221 页。

大赛店遗址的炭化藜（距今约 4000 年）（上）
良渚遗址的未炭化李子（距今约 5000 年）（下）

　　上述的过程其实已经大致勾勒出植物考古这个学科的研究内容与目的，即研究与古代人类相关的植物遗存，解释古代社会的发展变化。和动物考古一样，植物考古也是考古学的分支学科之一，因此它所解决的问题和考古学相同，只是借助了植物学的知识和手段。

　　在美国，考古学是隶属于人类学的，因为美国的考古学开始的关注点并不在自身的历史上，而是在对印第安人历史的研究上。在亚洲和欧洲国家，由于历史悠久，考古学家自然要理清楚几千年来的社会发展与演变，因此考古学是放在历史学下面的，研究重点是与人类生活密切相关的日常用器。20 世纪 60 年代，美国考古学家路易斯·宾福德（Lewis Binford）在 *American Antiquity*（《美洲古代》）发表了一篇名为 "Archaeology as Anthropology"（《作为人类学的考古学》）的文章，主张把考古材料放到一个大的文化系统中去阐释，认真研究各类考古资料，了解已不复存在的环境的原貌，解释社会的发展变化[1]，这其中自然少不了对古代遗址里植物遗存的研究。正是在这种大背景下，"浮选法"诞生了[2]。

----

① 　Lewis Binford: Archaeology as Anthropology, American Antiquity, 1962, Vol.28, No.2, pp.217-225

② 　赵志军：《植物考古学简史》，中国文物报，2009 年 12 月 25 日第 007 版。

　　浮选法，即运用水对泥土的溶解分离作用，从遗址中提取微小遗物的一种方法。[①] 简单来说就是"洗土"，将遗址里采集来的土倒入盛满水的容器中，炭化物的重量很轻会浮在水面上，然后将它们收集起来，这就是浮选法的基本操作步骤。最早采用浮选法的是美国的考古学者斯图尔特·斯特劳弗（Stuart Streuver），他在 1962 年主持的"伊利诺斯河下游考古项目"的发掘中获得了丰富的植物遗存。慢慢地，西方学者掌握了获取遗址中植物遗存的"钥匙"，开始筹备植物考古实验室，培训专业人才，植物考古学在西方诞生了。

　　在西方新考古学轰轰烈烈的运动中，中国的考古学家们也正忙着开展国内的田野考古工作，但与外界联系甚少，因此受国际考古学的影响极少，殷墟妇好墓、秦始皇兵马俑坑、满城汉墓和马王堆汉墓等都是在这一时期被发现的。由于植物遗存本身容易腐烂，被忽略也属正常的现象，但仍然有一些保存下来的植物遗存被考古学家发现，比如 1955 年半坡遗址出土的小米。然而中国的植物考古学直到 1992 年赵志军先生留学归国，大力推广浮选法和介绍植物考古学理论知识后才算起步。

----

① 刘长江、靳桂云、孔昭宸：《植物考古：种子和果实研究》，2008 年，科学出版社，第 20 页。

半坡遗址出土的粟

中国植物考古学开创人赵志军

　　植物考古的工作从采样开始，由于我们不可能全面揭露某个遗址，揭露的面积内又不可能全部进行采样，所以尽管采样分全部采集、抽样采集和目的性采集，但最常用的还是抽样采集和目的性采集。每当我们发现古人的一座房子、一个储物坑或一个垃圾坑时，便会采集一份约 5~10 升的土进行浮选。浮选设备有三种，目前常用的是加拿大植物考古学家加里·克劳福德（Gary Crawford）1983 年改良的水波浮选仪。水波浮选仪乍听起来像是一个复杂的仪器，实际上就是一个自动上水和排水的仪器。

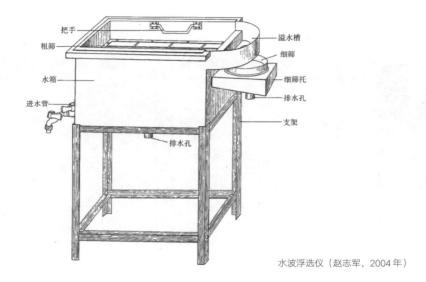

水波浮选仪（赵志军，2004 年）

操作方法如下：

　　封住水箱底部的排水孔，进水口接上水管，打开阀门，向水箱内
注水，水箱满后均匀地将土样撒入水箱，水箱内的喷头向上喷水增大
水的浮力，土样中的炭化种子和木炭由于重量较轻会浮在水面上，随
着水的不断流动流出溢水槽，落在细筛上，称为"轻浮"；而较重的
碎陶片、小石器、碎骨骼等会沉在水箱中放置的粗筛上，称为"重
浮"[①]，废弃的泥水则会通过排水孔排掉；然后分别收集细筛和粗筛上

---

① 刘长江、靳桂云、孔昭宸：《植物考古：种子和果实研究》，2008 年，科学
出版社，第 22 页。

显微镜（左）
电子天平（中）
植物大遗存实验室常备工具（右）

的遗存，在阴凉通风处阴干样品后，将轻浮、重浮分别送到植物考古
和动物考古实验室进行进一步的挑选和鉴定分析工作。

　　阴干的样品送到实验室后就开始了更细致的挑选研究工作，常备
的工具有：显微镜、分样筛、电子天平、培养皿、软镊子、解剖针、
小毛刷、小离心管、自封袋、登记表等。

浮选样品分析登记表：＿＿＿＿＿＿＿＿＿＿＿　遗址
FLOTATION SAMPLE ANALYSIS: 　　　　　　site

遗址名称 ＿＿＿＿＿＿ 采集日期 ＿＿＿＿＿＿ Site Name ＿＿＿＿＿ Collected Date ＿＿＿＿ 分析日期 ＿＿＿＿＿＿ 分析人 ＿＿＿＿＿＿ Date ＿＿＿＿＿＿＿ Analyst ＿＿＿＿＿＿ 临时号 ＿＿＿＿＿＿＿ 浮选号 ＿＿＿＿＿＿ Sample No.# ＿＿＿＿＿ Flotation no. ＿＿＿＿ 容积 ＿＿＿＿ 探方号 ＿＿＿＿ 开口层位 ＿＿＿ Volume ＿＿＿ Unit ＿＿＿ Level ＿＿＿＿＿ 遗迹号 ＿＿＿＿＿＿＿ 时代 ＿＿＿＿＿＿＿ Feature no. ＿＿＿＿＿＿ Culture/Period ＿＿＿＿ 毛重 ＿＿＿＿＿ 炭屑重（＞1mm）＿＿＿＿＿ Total（g）＿＿＿＿ Charcoal（g）＿＿＿＿＿＿ 种子总重 ＿＿＿＿＿＿ Seeds（g）＿＿＿＿＿＿	备注：

炭 化 种 子 记 录（**CARBONIZED SEEDS**）

栽培作物（CULTIGENS）	杂草类（WEEDS）
大粒谷类（*LARGE CEREALS*）………	早熟禾亚科（Pooideae）＿＿＿＿＿＿＿＿
大麦（Hordeum）＿＿＿＿＿＿＿＿	黍亚科（Panicoideae）＿＿＿＿＿＿＿＿
小麦（Triticum）＿＿＿＿＿＿＿＿	豆科（Leguminosae）＿＿＿＿＿＿＿＿
水稻（Oryza）＿＿＿＿＿＿＿＿	野大豆（G.soja）＿＿＿＿＿＿＿＿
? 谷类（cereal）＿＿＿＿＿＿＿	藜科（Chenopod.）＿＿＿＿＿＿＿＿
粟类（*MILLETS*）………………………	蓼科（Polygo.）＿＿＿＿＿＿＿＿
黍（Panicum）＿＿＿＿＿＿＿＿	莎草科（Cyperaceae）＿＿＿＿＿＿＿
粟（Setaria）＿＿＿＿＿＿＿＿	葫芦科（Cucurbitaceae）＿＿＿＿＿
小粟（small foxtail）＿＿＿＿＿＿	苋科（Amaranthacae）＿＿＿＿＿＿
? 粟类（? millet）＿＿＿＿＿＿	十字花科（Brassicaceae）＿＿＿＿＿
栽培稗属（Echinochloa）＿＿＿＿＿	菊科（Asteraceae）＿＿＿＿＿＿＿
其他（*OTHER*）……………………	大戟科（Euphorbiaceae）＿＿＿＿＿
豇豆属（Vigna）＿＿＿＿＿＿＿	唇形科（Labiatae）＿＿＿＿＿＿＿
大豆（Glycine max）＿＿＿＿＿＿	马齿苋属（Portulaca）＿＿＿＿＿＿
大麻（Cannabis）＿＿＿＿＿＿	**其它（*OTHERS*）**
香瓜属（Cucumis）＿＿＿＿＿＿	块茎（Tuber）＿＿＿＿＿＿＿＿
紫苏属（Perilla）＿＿＿＿＿＿＿	果核（Nutlet）＿＿＿＿＿＿＿＿
芸薹属（Brassica）＿＿＿＿＿＿	不可鉴定（Unidentifiable）＿＿＿＿
葎草属（Humulus）＿＿＿＿＿＿	未知（Unknown）＿＿＿＿＿＿＿＿
果类（FRUITS）	＿＿＿＿＿＿＿＿＿＿＿＿＿＿＿＿
李属（Prunus）＿＿＿＿＿＿＿	＿＿＿＿＿＿＿＿＿＿＿＿＿＿＿＿
茄科（Solanaceae）＿＿＿＿＿＿	＿＿＿＿＿＿＿＿＿＿＿＿＿＿＿＿
葡萄属（Vitis）＿＿＿＿＿＿＿	＿＿＿＿＿＿＿＿＿＿＿＿＿＿＿＿
酸浆属（Physalis）＿＿＿＿＿＿	＿＿＿＿＿＿＿＿＿＿＿＿＿＿＿＿
果壳（shell）＿＿＿＿＿＿＿	＿＿＿＿＿＿＿＿＿＿＿＿＿＿＿＿

浮选样品分析表

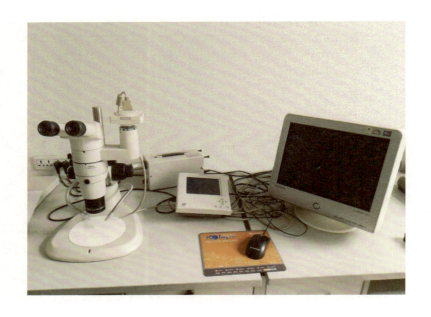

植物遗存常用拍照设备

　　登记完遗址里所有遗迹单位的植物遗存信息后，下一步就需要对出土的植物遗存进行拍照，尽可能地对每个种属都进行拍照记录、尺寸测量，以便业内人士对照研究。

　　植物遗存大多比较小而破碎，所以操作的时候和普通的摄影不同，需要小心翼翼，以防夹碎或遗落了种子，通常对于较小的种子都是放大 8 倍或 10 倍再进行拍摄，以反映种子的鉴定特征部位为佳。

从一堆炭化小米中挑出颜值高的几颗（左）
将它们摆好 pose（中）
拍摄清晰的照片（右）

下面是流程示范：

1. 从一堆炭化小米中挑出颜值高的几颗，即完整的不变形的。

2. 将它们摆好 pose。

3. 拍摄清晰的照片。

之后就是专业的分析研究工作了。根据对遗址中出土的植物遗存的定量和定性分析，我们可以得知古人利用了哪些植物种类，日常以什么为主食，有没有种植活动，南北方农业结构的差异，农业起源的问题及文明起源的问题等。

二 良渚遗址的植物考古

由于良渚遗址地处浙江，自古就气候湿润、水网发达，因此除了炭化的植物遗存外，良渚遗址还有很多饱水的、未炭化的植物遗存。近些年来良渚古城的持续的考古工作，让我们对 5000 年前先民的生活有了更多的了解。

（一）水稻种植业

民以食为天，良渚文化能如此发达，与其坚实的物质基础是分不开的。经过植物考古学多年来的研究，学术界逐渐达成长江中下游是粳稻的起源地的共识。在浙江目前所见时代最早的浦江上山文化中，水稻的身影便已出现，但大多数却是以稻壳的形式夹杂在陶器中，以提高烹饪过程中陶器的耐烧度，稻米仅发现了 2 粒，因此很难判断当时的古人是否已经系统栽种水稻。到 8000 年前的跨湖桥文化时期，出土的水稻数量增多，稻米的形态也明显不同于野生稻，而且向着粳稻的方向演化。又过了 1000 年，到了马家浜文化时期，小块的水稻

江苏昆山绰墩遗址水田

田开始出现，目前发现的水稻田已有百余块，一般一块只有几平方米大小，大的田块能达一百多平方米，田块之间与小的水沟、蓄水坑相互连通。这时期的田块形状不十分规则，有长条形、椭圆形、不规则形，由于灌溉设施尚不完善，所以稻田多开挖在离水源近的地方，有些遗址的水田里还出现了蓄水井。部分水田里出土有一些木制或骨制的农具和打水灌溉的罐子，经分析，水田里面也发现了大量的水稻扇形植硅体。根据水稻扇形植硅体的观察结果，在马家浜晚期（距今约6500年）时，水稻的驯化基本稳定下来。到了崧泽文化晚期，石犁逐渐出现，多随葬在男性墓中，尺寸不大，长多在 20~30 厘米。到了

茅山遗址良渚文化晚期稻田及相关遗迹（左）

茅山良渚文化晚期稻田中的田埂（右）

良渚文化时期，石犁体量大了很多，长可达 50 厘米，其中庄桥坟遗址出土的一件带木制底座的石犁，加上底座可达 1 米多，这说明彼时已有大规模的农田存在，才会需要大石犁来进行耕作。

茅山遗址位于浙江省杭州市余杭区临平镇小林街道的上环桥村北侧。茅山是一座海拔 48.8 米、东西狭长的自然山，遗址分布在茅山的南坡，面积约 3 万平方米。2009~2010 年考古工作者对该遗址进行了发掘，发现了良渚文化中晚期的坡上居住生活区和坡下的稻田区，中期东区的稻田呈条块状，共清理出 26 块，分布在水沟的两侧，面积比较小，平均为十几平方米，西南区也发现了田块，这个时期稻田应该已有一定的面积。到了良渚文化晚期，良渚先民开挖了一条东西向的河沟 G2，将北边的居住区和南边的农耕区分隔开来。从发掘的情况来看，G2 各段宽度不一致，可能在当时起到蓄水排水、灌溉和提供饮用水源等多重功能。晚期田块的面积和规模有了很大的变化，5 条田埂和水渠将稻田分成规整的 4 大块，每块面积约 1000 平方米，最大的近 2000 平方米，共 5.5 公顷，约合 83 亩。田埂由红烧土铺面，宽 0.6~1.2 米，最长的田埂长 83 米。在稻田形态上由中期小块的稻田发展为连片的大面积稻田，在布局上，为了稻作农耕的便利，良渚先民开始有意识、有规划地开挖灌溉水渠。据推算，茅山遗址良渚晚期稻田的水稻产量约为 141 千克[①]。

2010~2012 年，考古人员在莫角山东坡由西向东布设了一排 12 个探方进行解剖发掘，以了解莫角山遗址的边界范围和堆筑过程，共发现良渚文化时期的灰坑 12 个、灰沟 9 条、房址 3 座和柱洞 2 组、

---

① 郑云飞、陈旭高、丁品：《浙江余杭茅山遗址古稻田耕作遗迹研究》，《第四纪研究》2014 年第 34 卷第 1 期，第 94 页。

H11 剖面上的灰烬层

墓葬 1 座及古河道 1 条。此次的收获除了了解了莫角山土台的堆筑过程外，便是 H11 的发现。

　　H11 横跨 4 个探方，向南向北还有延伸，长近 30 米，宽 17 米，深 0.8 米。灰坑共分为三层。第一层为灰黑色土，第二层为浅灰色砂土，第三层为灰黑色土，其中包含了大量的木炭、炭化的稻谷（米）、红烧土块、草木灰、草绳以及灰烬，显然是大火烧过留下来的。将

浮选出的炭化稻谷

H11 的土样取回后浮选，浮选出大量的炭化稻谷（米）。

　　根据观察，这些炭化的水稻有很多是还没有脱壳的稻谷，其间还夹杂了很多穗柄和小穗轴（小穗轴位于稻壳底端，连接水稻茎秆和米粒，在水稻生长过程中作为通道向米粒输送营养，一个小穗轴对应一粒大米），证明它们并不是良渚人做饭烧火后留下的残余，而是还没等到食用就发生了失火事件。另外还发现了一截截的绳子，和现在的麻绳相似，据此我们推测这些绳子应该是用来捆扎稻谷的。根据计算，稻谷（米）的平均密度为 3778 粒 / 升，分布范围约 900 平方米，分布厚度平均为 24 厘米，稻谷（米）的总量则为 8.16 亿粒。现代水稻的千粒重为 18~34 克，取千粒重 15 克作为参考值，8.16 亿粒则重约 12240 千克，约 2.4 万斤，这些稻谷则应该是宫殿区附近的粮仓失火后清理烧毁的粮食，之后被当作垃圾倾倒在此处的。

这样的炭化稻谷堆积地点不只莫角山东坡一处，2017 年 7 月份，又一处炭化稻谷堆积被发现，即池中寺遗址。目前城内发现炭化稻谷堆积的地点达 6 处，以池中寺体量最大。池中寺遗址位于莫角山遗址的南面，按照同样的推算方法，这处炭化稻谷的埋藏量达 20 万公斤，足足有 H11 的 8 倍之多，这里应该存在一个大型粮仓，是古城居民的主要粮食来源。根据考古发掘及钻探，池中寺遗址在良渚文化时期，西侧及南侧为低洼水面，东侧为人工蓄水池，中间有一条人工堆筑的堤道连接北面的毛坞垄和南面的皇坟山。人工湖内堆积纯净，没有生活垃圾，应该是城内一处重要的水源。从布局上来看，这里布设大型粮仓能兼顾防火防潮的功能，且距离宫殿区不远，可以说是最佳的考虑。

池中寺遗址炭化稻谷层

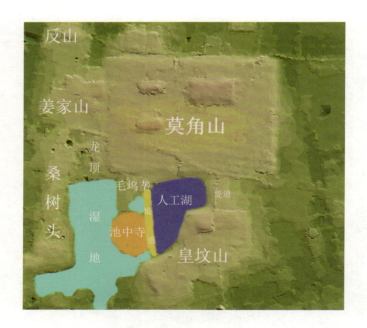

池中寺遗址布局示意图

　　古城内发现埋藏量如此巨大的炭化稻谷，且城里居住的人为国王、贵族和手工业者，他们不从事农耕活动，而按每人每天 1 斤粮食计算，城内的人口近 2 万人[1]，一天也要近 2 万斤的粮食消耗，因此

①　王宁远：《从村居到王城》，杭州出版社，2013 年，第 194-195 页。

能支撑古城庞大人口的饮食开销，很大程度上得益于良渚时期稻作农业的发展。根据对良渚古城周边的农耕遗迹调查，古城周边并未发现大面积的水稻田存在，所以当时应该存在很多类似茅山遗址这样的村落，源源不断地通过舟楫向古城内输送粮食。

（二）果蔬栽培业

古人的生活有时并非我们想象中的那么枯燥乏味，特别是在饮食方面。在没有环境污染和农药残留的时代，路边、溪旁、山沟里的野果子都可以随意采食。与人关系越密切的植物，被带回遗址中的概率就越高，出土概率就越高，通过考古发掘即可探究某种植物与人的关系及它的历时性变化。

据考古勘探和发掘，良渚古城内有大大小小的古河道 51 条，主要的河道有 3 条，呈"工"字形，现今仍在通航的只剩南边的良渚港，其余的古河道都已成平地。为配合遗址公园建设，疏浚良渚文化时期河道，2015 年下半年，主河道之一的"钟家港"南段被挖开，为了获得更多的信息，在进行考古发掘的同时，我们把发掘的土全部都浮选，结果大大出乎我们的意料。由于这里是河道堆积，长期处于隔绝空气的密闭状态，良渚古人丢弃在河里的东西常埋此处，因此即使没有过火炭化也很好地保存了下来。

在发掘钟家港的过程中，考古人员把每一层挖出来的土按照不同的文化层、不同的探方分别堆放，之后将这些土进行浮选。与普通干燥松散的土不同，河里的土很黏，呈淤泥块状粘在一起，晾干后就成了更坚硬的土块；且一份的样品量远远超过了 5~10 升，采用前面所讲的浮选法已经无法满足需要，所以浮选法在良渚遗址的改良版——淘洗法登场，此方法早在河姆渡文化的田螺山遗址就已被采用，效果显著。

步骤如下：

（1）搭好淘洗所用的水池，将定制的孔径 4 毫米的不锈钢木框网筛用绳子绑住木框两边，悬挂在水池上方。

（2）将要淘洗的土样放入蓝色周转箱中浸泡一晚，等粘结的土块化开。

（3）水池蓄满水，将泡好的土样用铁皮小簸箕舀出放在网筛上来回晃动筛洗，较轻的植物遗存如木炭、种子则会浮在水面上，小石块、陶片则会落在网筛上。用 1 毫米左右的勺形网兜将轻浮物捞起放在纱布上，重浮物单独放在另一块纱布上，放在阴凉处晾干。

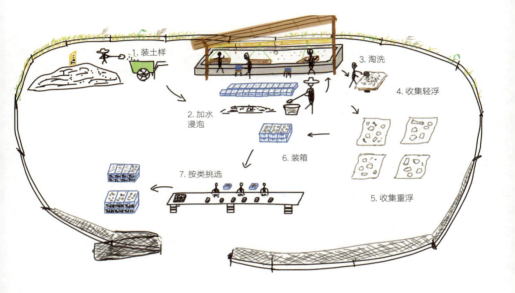

钟家港遗址南区淘洗流程示意

（4）将晾干的轻浮和重浮样品分别收集在周转箱中。

（5）按木炭、木屑、种子、动物骨骼、红烧土、陶片等分类挑拣样品。

（6）将挑拣完成的样品分类存放。

就在淘洗过程中，我们发现了大量的桃核，由于这些桃核5000年来一直静静躺在钟家港这条古河道中，饱水密闭的环境让它们没有被炭化，所以出土的时候就像现在的桃核一样，颗粒饱满、沟壑清晰，只不过颜色要深一些。和一般的自然晾干步骤不同，钟家港河道的桃核出土时是饱水的，如果晾干，它的尺寸会有一定的收缩变小，为了保持它出土时的原有大小，我们尽量创造与出土前相似的埋藏环境，所以把清洗干净的桃核放入盛水的盒子中。

根据初步的观察，钟家港南段的河岸两旁应该生长有许多桃树，桃子已经是良渚古城内居民的主要水果，住在河边的居民"近水楼台先得月"，夏季美滋滋地品尝着美味，把吃剩的桃核随手丢在河里，一些熟透的来不及采摘的桃子也掉在了河里，就这样淹没在河底。良渚人吃桃不是稀罕事，在良渚文化时期的其他一些遗址或良渚文化层中也有桃核发现，比如良渚古城东北部的美人地遗址、南面外郭的卞家山遗址、临平茅山遗址、杭州水田畈遗址、湖州钱山漾遗址、诸暨尖山湾遗址、上海广富林遗址[1]都有桃核出土，证明良渚先民已经普遍食用桃这种水果了。

植物学上桃属（*Amygdalus*）属于蔷薇科（Rosaceae），它下面又分为两个亚属：扁桃亚属（Subgen. *Amygdalus*）和桃亚属（Subg. *Persica*）。顾名思义，扁桃亚属里的都是"扁"桃，最常见的就是巴旦

---

[1]　陈杰：《良渚文化的古环境》，杭州出版社，2014 年，第 127-131 页。

1. 野生毛桃
2. 陕甘山桃
3. 山桃
4. 甘肃桃
5. 现代毛桃
6. 新疆桃
7. 光核桃

木（*A. communis* var. *communis*），维语也叫"巴旦杏"，但它不是杏而是扁桃，果肉很薄，成熟的时候会开裂，只剩下核仁，这也是我们常吃的部分。扁桃适合生长在温暖干旱的地区，所以新疆巴旦木特别有名，便宜又好吃。

其余的桃类都属于桃亚属了，比如普通毛桃、山桃、新疆桃、甘肃桃等。按照桃核上的沟和孔又分为沟核组和孔核组。

沟核组：甘肃桃、光核桃。这两种桃核上都没有孔穴，只有沟（上图中的 4 和 7）。

孔核组：桃、山桃。新疆桃，桃核上不仅有沟，还有小孔（图中的 1、2、3、5、6）。

桃（*Amygdalus persica*）：包括毛桃、离核桃、粘核桃和蟠桃。

毛桃、离核桃、粘核桃和蟠桃都是桃后来的变种，桃核一般是扁长形或稍圆，两侧扁平，顶端有尖，表面有深深浅浅的纵横沟纹和孔穴。毛桃的样子我们都很了解，市场上最多最普通的就是毛桃；离核桃吃的时候会发现桃核可以跟果肉很好地分离开来，甚至可以一掰两半；粘核桃和离核桃相反，果肉和果核不易分离；蟠桃和前面这三种桃都不一样，桃形扁扁的。

山桃（*Amygdalusdavidiana*）：分为山桃（*A. davidiana* var. *davidiana*）和陕甘山桃（*A. davidiana* var *potanini*）。

山桃和陕甘山桃都是山桃的变种，只不过陕甘山桃主要生长在陕西和甘肃。山桃抗寒又耐旱，在山坡上也能生长得很好，能长 10 米高，比一般的桃树高很多，结的果子果肉很薄很干，口感不好，一般不能吃；桃核又圆又小，顶端没有尖，而且很坚硬，所以一些商家把山桃核洗净，稍加打磨，串成手串售卖。

新疆桃（*Amygdalus ferganensis*）在新疆栽培，果实不耐运输，所以主要市场就在新疆当地。桃核也多是扁长形，和毛桃区别就是顶端有一个比较长的尖，表面的沟一般是纵向平行分布，小孔很少。

　　桃的结构分为外果皮、中果皮、内果皮和种子，外果皮就是外面那一层薄皮，中果皮其实就是果肉，内果皮是桃核，内果皮里包的就是种子桃仁了。一般来说，桃核的大小和形状决定了中果皮的厚度，也就是桃的大小。桃核越大，桃子越大；桃核越扁越长，桃子越大。所以人工栽培的桃要比野生的桃子大，桃核也比野生的扁长。

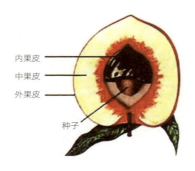

内果皮
中果皮
外果皮

种子

桃子的结构

　　考古遗址中发现的桃并不是完整的一个桃子，保存条件好的情况下也只能留下桃核。为了观察桃子从跨湖桥文化到马桥文化 4000 年间的变化，研究桃核的形状和大小就成了重要的途径。当一一测量比对了跨湖桥、田螺山、茅山和钱山漾遗址的桃核之后，研究人员发现桃核在 8000 年前到 3700 年前这段时间内发生了很大的变化：

（1）尺寸上越来越大，体积增大了约一倍。萧山桃和余姚桃个头差别不大，但临平桃明显增大一圈，湖州桃是最大的。

（2）形状上越来越扁、长。时代早的跨湖桥文化和河姆渡文化的毛桃都显得圆润一些，时代晚的马桥文化的桃则是扁长形，而良渚时期的桃处于从跨湖桥、河姆渡文化到马桥文化的过渡类型，但相比前两者，桃的大小已经有了质的飞跃了。

在桃子的这项研究之前，关于桃的祖先，流行的说法是桃起源于中国西北部甘肃、陕西等地区，因为那里到现在仍然生长着大量的野生桃树，但《中国植物志》英文版中说到"毛桃的祖先现在已经不存在了"；还有一种说法是毛桃的祖先本来是山桃，后来慢慢发展演变成现在的样子。但从目前浙江史前遗址中出土的桃核来看，几乎所见均属于毛桃，且从早到晚有一个明显的发展变化的序列，因此浙江地区应该是现代毛桃起源地之一，"毛桃的祖先为山桃"这个说法自然也就不攻自破。

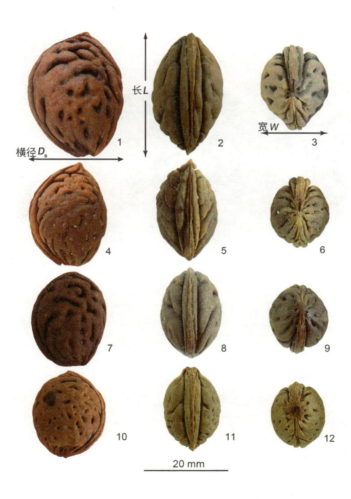

1、2、3.钱山漾遗址；4、5、6.茅山遗址；7~12.跨湖桥遗址两种形态的桃核

李子

　　随着钟家港遗址考古发掘和淘洗，良渚人的水果清单也一一得到破解。这些水果包括南酸枣、桃、李、杏、梅、柿子、甜瓜、葡萄、乌蔹莓等。

　　良渚遗址中出土的李子数量也很多，而且李子是桃的近缘，极有可能当时也存在李树的栽培。

柿子

　　柿是中国重要的一种栽培果树品种。良渚遗址柿子出土数量不多，但柿属植物的利用在上山遗址的跨湖桥文化时期就开始了，尚未有研究表明史前遗址里所出的柿是野柿还是栽培柿。

南酸枣

　　南酸枣在良渚遗址中出土量非常大。南酸枣本身的栽培需要较高
的技术，且一般在 10 年后才会结果，但南酸枣的利用从 8000 年前就
出现在跨湖桥遗址，在长江下游史前遗址中一直是一种常见的果子。

甜瓜

　　长江下游地区食用甜瓜具有悠久的历史，至迟在距今 7000 年以前的河姆渡文化时期已经开始。良渚文化时期是甜瓜栽培和驯化的重要时期，卞家山遗址出土种子的种皮表面石细胞的形态特征观察结果显示，种子有两种类型，一种与现代甜瓜相似，另一种与现代甜瓜的变种越瓜（*C. melo* var. *conomon*）相似，且种子大小已经发生明显的变化，说明良渚文化时期先民已经开始栽培甜瓜，开始重视甜瓜食味、果形大小等选择，根据不同食用需要，培育出作为水果用的香瓜和蔬菜用的菜瓜。

葡萄和乌蔹莓

　　卞家山和美人地遗址均有葡萄种子出土，从出土种子的形态特征看，有刺葡萄和山葡萄，表明良渚文化时期的先民已经食用葡萄，说明我国食用葡萄的历史不亚于欧洲的葡萄利用历史，只不过与欧洲葡萄系统不同而已。乌蔹莓也是葡萄科的藤本植物，果实小，成熟后呈紫黑色，多生长在山坡灌丛中，也是先民常吃的野果子之一。

葫芦

　　葫芦的利用也是从跨湖桥文化时期就开始了，但最初应该是多作为容器或凫水工具，嫩叶和嫩果可作为蔬菜。葫芦的栽培技术要求不高，但它应该不会被先民大范围种植，而是多生长在房前屋后，作为"园圃"农业中的一员。对卞家山遗址出土的瓠瓜皮厚度测量结果显示，这些瓠瓜属于栽培瓠瓜。

梅

梅和桃、杏、李一样也属于蔷薇科植物，食用的历史也很悠久。先秦时期，人们似乎对酸味很青睐。梅子生食可以生津止渴，作为调味品可以去除肉类的腥味。

芡实和菱角

稻作农业的发达，给良渚先民提供了足够的淀粉营养，因此在河姆渡文化中量比较多的菱角、芡实和橡子等淀粉类食物在良渚文化时期大大减少。

良渚遗址发现的这些植物现在均被人工栽培，是长江中下游地区瓜、果、蔬菜种植的传统品类。

卞家山遗址的木骨泥墙土坯（重扫）

（三）木材的加工利用

　　人对树木的利用从史前一直延续到现在，尤其是在古代没有钢筋水泥的条件下，走路的桥、运输的船只、住的房子、铺的地板、吃饭的餐具更是样样离不开木材。在 7000 多年前的太湖平原，气候温暖宜人，资源丰富，一支古老的人类族群选择在这里繁衍生息。这就是马家浜文化的先民。他们用木架结构建造房屋，屋顶铺盖茅草。墙体一般先用树枝编起，然后在篱笆墙的内外抹上泥巴，这样的房子失火之后往往能在烧土块上看到原来木头的痕迹，考古上称之为"木骨泥墙"，这种修墙的技术一直被沿用了几千年。到了良渚文化时期，良渚人对木材的加工技术更是有了大发展。

　　从大的地理环境看，良渚遗址所处的是一个南北约 20 千米、东西约 42 千米、面积约 800 万平方千米范围的 C 字形盆地。它的南面、西面、北面以及东南面都被天目山的支脉所包围着。在盆地的西北部平原上还矗立着以大雄山为主的一组群山，并散落着窑山、汇观山、雉山、前山、凤山、羊山、全山、树山、乌山、茅山、金顶山、荀山等孤立的小山。这 800 平方千米的平原湿地，是良渚古城可以直接依托的稻作农业与采集捕鱼经济的来源，而西面与北面的广袤山地，则有着丰富的树木资源和取之不尽的山禽野兽、野果珍馐。随着良渚古城的不断发掘，多处地点都发现了木头的身影。

卞家山遗址码头遗迹全貌（由西向东拍摄）

　　2002 年下半年，卞家山遗址发现了码头遗迹，码头由成排的木桩组成，共 3 排 140 余根，呈东西向分布，外伸的木桩为栈桥桩基，周围发现了木桨、木舀等遗物。

　　大莫角山发现的木板位于大莫角山台基边界处、底部青灰土之上，纵横交错，应该是铺垫的木板，作用是防止台基下陷。

北面水门河道中的木桩，直径为 8~10 厘米、高为 40~60 厘米，应为水城门中的某种木构设施（上）
卞家山码头复原图（下）

大莫角山南坡发现的木板痕迹（上）

大莫角山北坡下面的垫木（下）

莫角山遗址西南坡发现的木桩和竹片（左）

莫角山木桩西坡正射影像（右）

莫角山遗址发现的东西向木桩共 3 排，南北向 2 排。最北排木桩最长，约 11 米，均有榫卯相连。木桩底部削尖，插入泥土中，形成一个大的框架，中间再填塞草包泥。

钟家港南段西岸的护岸遗址（左）
钟家港遗址南区发现的木构护岸遗迹细部（右）

　　钟家港遗址发现的护岸遗迹紧贴土台东缘，被揭露的一段长约 32 米，由竹编物、木桩构成。其营建方式是用竹编物紧贴土台，然后在竹编外打上木桩。揭露木桩为 63 根，木桩直径在 7~16 厘米，间距 30~40 厘米。竹编物主要由大量竖向 1~2.5 厘米的细竹和横向的 1~5 根细竹交叉编织而成。

陷入河道淤泥中的大构件一组（上）

卯子特写（下）

钟家港中区的木构件

美人地遗址木板遗迹（由南向北）

　　美人地遗址木板遗迹的底部基础是河道淤积土，北面紧贴台地。整体呈东西向分布，揭露总长 8 米，由 44 块木板组成。按组成结构可以大致分为三个部分，最底下的是南北向的枕木，其上放置东西向垫木，垫木上竖置木板，木板顶部已被腐蚀，残高 1 米左右。美人地遗址中间为河道，两侧为长条形的居住台地，是江南水乡居住模式最早的形态。

尾端抓手（上）
抓手内穿绳（下）
葎树切片显微结构（右）

前图的木构件长9.5米，宽约25厘米，上面凿有间距约13厘米、排列整齐的39个方形卯孔。

前图中中间的方木总长14.6米，宽50厘米；左侧的方木长17米，宽44厘米，厚20厘米；右侧的原木长17.2米，最大直径57厘米。从这些正在加工中的木头可以想见莫角山宫殿的宏伟浩大。

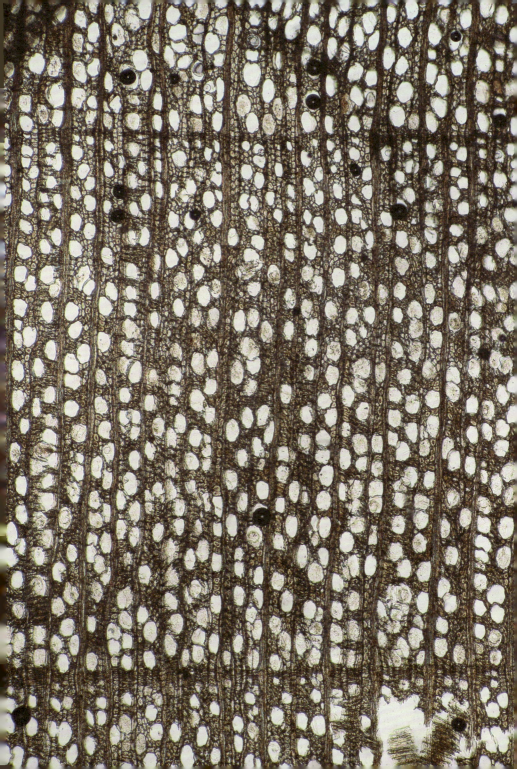

茅山独木舟

中间方木的尾端有抓手，抓手处还发现了藤条编的绳索，方便绑缚运输。所用材料经树种鉴定为蕈树。而蕈树的分布集中在海拔600~1000 米的山上，古城周边最近的便是径山，直线距离也要 20千米，木材经历了较长途的运输才到莫角山处。

除了作为建筑材料使用，良渚先民日常生活中也离不开木制品，比如生产工具和生活用具。良渚时期的气候比现在温暖湿润，古城周围水网密布，船运就成了良渚人主要的出行方式。虽然当时没有轮式的交通工具，但在南方河多水多的自然条件下，划船最为便捷。而良渚人的船一直没有被考古人员发现，直到 2009 年余杭临平茅山遗址的发掘。茅山遗址首次发现了良渚人的独木舟，由整段巨木凿成，材质经鉴定为松木。这是国内考古发掘中出土的最长也是最完整的史前独木舟。

这只独木舟长 7.35 米，最宽处达 0.45 米，深约 0.23 米，船沿厚约 0.02 米。浙江大学计算机系对舟体内外进行了扫描，并建立了三维模型，由此可以分析独木舟的排水量，最后算出该舟最大载货量为300 公斤左右。

卞家山遗址木桨，总长 150 厘米，叶长 73 厘米，叶宽 12.5 厘米，厚 4 厘米（上）
钟家港北区和卞家山遗址的木臿（下）

仿制木耜挖淤泥

　　木耜与现今的木铲类似，是良渚人的挖土工具，在钟家港河道和蜜蜂弄水坝的基槽填土中有发现。在复原草包泥制作实验中，我们曾按形制仿制了良渚木耜，用来挖取淤泥。

钟家港南区木盘

　　木质容器最常见的有木盘、木盆，有的外面还涂有朱漆。木盘盘口有椭圆形和圆形，直径有 20 多厘米，一般比较浅；木盆内部比较深，钟家港河道里发现有尚未加工完成的木盆胚料，有的掏掉了一半呈簸箕状，有的只是截了根圆圆的粗树干，但内圈的样线已经画好；还有一种底部镂空的方形木盘 / 盆，镂孔多呈三角形。

钟家港南区出土漆盆残件（上）

钟家港南区出土木器坯料（下）

钟家港南区出土木盆毛坯

方形镂空漆盘

　　木盆毛坯的边缘可以清晰地看到打样的范线，制作木盆应是从范线处向里掏空，这种坯料应该是用来制作木盆一类器物的。

反山遗址 M12 嵌玉漆杯（复原）（左）
卞家山遗址漆觚（右）

　　中国最早的木胎漆器发现于跨湖桥文化 ① 和河姆渡文化 ②。在崧泽文化中发现有在黑陶表面施漆的现象。良渚文化的漆器开始走向成熟，红与黑相间的图案设计和艺术表达是良渚文化漆器的主要风格，在良渚古城城河中的生活堆积中，以及城南的卞家山遗址中出土了较多的漆杯残片，而在一般的遗址中很少发现漆器。在墓葬中出土的漆器主要见于反山、瑶山等贵族墓葬。③

①　浙江省文物考古研究所：《跨湖桥》，文物出版社，2004 年。
②　浙江省文物考古研究所：《河姆渡》，文物出版社，2003 年。
③　浙江省文物考古研究所：《良渚古城综合研究报告》，文物出版社，2019 年。

钟家港中区漆觚（左）

卞家山遗址彩绘漆器残片（上右）

卞家山遗址出土漆盘残片（下右）

钟家港北区出土的带彩绘花纹的漆盆残片

卞家山遗址漆筒形器

钟家港中区黑漆杯

钟家港北区出土漆鸟头

除了这些，良渚遗址还出土了 20 余个儿童的玩具——木陀螺，有的柱体也有一圈或两圈凹旋纹，基本上是选用木材的芯材，螺身上还可看到加工的斧凿痕迹，形制与现在的陀螺无异。

我们在购买木质家具的时候，会考虑床、衣柜、桌椅不同功用家具的材质。包括葬具的木材对于讲究生死大事的中国人来说也是要精心挑选防腐防蛀的，良渚先民也不例外。经过漫长的繁衍生活，人们对木材的认识逐渐加深，到了良渚时期，良渚先民更懂得怎样发挥木材的最大优势了。但在开展良渚时期木材鉴定研究之前，没有经验的普通人还不能一眼就看出这些木头有何不同。

每种学科都有自己的一套研究方法，考古也是如此，加上近年来考古学的蓬勃发展，一些可为考古研究所用的方法都陆陆续续地被吸纳进来，比如动物考古、植物考古、地质考古、美术考古、音乐考古等，其中树种的鉴定就属于植物考古范畴里的一个小方向。

一般来说，木材鉴定可分为宏观识别和微观识别。宏观识别是在肉眼下借助放大镜，依据所观察到的木材宏观构造特征识别木材，一般只能识别出木材类别。要准确鉴定到木材树种，则需要在显微镜下观察木材细胞组织的微观特征，据此微观特征来鉴定木材，这就是木材微观识别或叫木材鉴定。木材的鉴定有三个步骤——取样、切片和鉴定。

木陀螺

（1）木材取样

"工欲善其事，必先利其器"，取样也有一套标配工具。现生的树木，一般枝干比较硬，取样时需带的工具有锯、凿、刀等，以好用便携为主，样式、造型不做要求。取现代的样品一般是为了观察树木构造，以便和遗址里出土的木材对比鉴定。取样时最好从靠近心边材的交界处，生长轮的正常部位截取，一般尺寸为 20 毫米 ×20 毫米 ×20 毫米。

（2）木材切片

木材切片包括三个切面，即横切面、纵切面和弦切面。在木材的三个切面上可以观察到木材各种细胞的立体形态和它们之间的关系，这也是木材微观鉴定的必要手段。根据三个切面的综合图形，才能获得某种木材完整的微观构造特征。木材切片要求三个切面都要切正，因为切工的好坏直接影响到后期的木材特征观察和鉴定结果。

①切片工具

切片的工具自然要比取样锯木头用的锯子精细很多，专业的有：木材切片机、切片刀（多用吉列剃须刀代替）、磨刀机；

水浴锅、电炉、培养皿；

解剖针、镊子、毛笔；

载玻片、盖玻片；

酒精、甘油、铁矾、蕃红、丁香油、TO 液、二苯甲、中性树胶。

②切片制作方法

试样软化：根据木材的软硬程度而有区别。对于材质清软的木材直接水煮软化，一般水煮至试样下沉为止。比如松、杨、柳、云杉等树种。对于材质较重较硬的木材，如红木、金丝李等可采用酒精、甘油混合液加热或浸泡软化。有时也可以不软化木材直接切片。

切片：木材切片要求切出面积较大、厚度薄而均匀的切片。先将试样紧旋在切片机的试样夹中，使试样的切面与刀刃平行，接着按厚度要求调整厚度调节器，切片时用左手握滑动轮手柄，推动切片，右手用毛笔接片并把切片置于盛有蒸馏水的培养皿中。

在实际操作中，由于遗址里出土的木材多数是饱水的，木质比现代的样品软得多，不用切片机，直接采用剃须刀片就可以进行切片。切片前先用锋利小刀将木材样品的三个面削平，横切面、纵切面和弦切面必需相互垂直，把切好的片放入盛有蒸馏水的培养皿中。

制片：先将切片用蕃红溶液（1 克番红与 100 毫升 50% 酒精溶液混合过滤液）染成红色，染色后更方便在显微镜下观察，也可以不染；水洗后先后用 50%、70%、85%、95% 和 100% 浓度的酒精进行脱水处理；然后用 TO 溶液或二甲苯对切片进行透明处理；最后用镊子将切片放置在载玻片上，滴上中性树胶，盖上盖玻片固封；贴上标签，阴干或低温烘干即可观察。也可以不经脱水、透明处理，直接用甘油封片。

临时封片：取载玻片 1 片，并在其中央位置滴上甘油或清水 1 滴，用镊子将切片放置到滴有甘油或清水的位置上，盖上盖玻片就可以观察了。如果要制成永久切片，则要用中性树脂封片，贴上标签，阴干或低温烘干。

（3）拍照鉴定

将制好的切片在数码生物显微镜下用 4 倍的物镜进行拍照，将最典型的构造特征记录下来，以便鉴定查询使用。照片的放大倍数一般为 40 倍。采用同样的方法拍照记录弦切面切片和横切面切片相关信息。弦切面切片便用 10 倍物镜拍照，照片放大倍数一般为 20 倍，横切面切片便用 40 倍物镜拍照，照片放大倍数一般为 100 倍。以上都可以根据放置于显微照相系统内的标尺确定放大倍数。

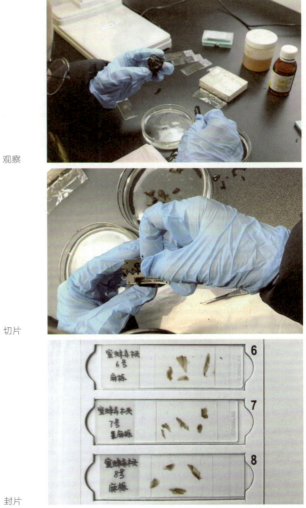

观察

切片

封片

树种鉴定 1

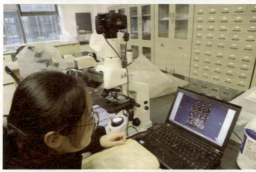

树种鉴定 2

部分参考书籍

然后就是对比专业的木材鉴定图谱等工具书进行鉴定。

2003 年年底和 2004 年年初，郑云飞老师对卞家山遗址码头区的所有木桩进行了编号，按编号分别进行样品提取，取完样的木桩用保鲜膜覆盖，浸泡在大水箱内以保持木桩原来的湿润状态，并制作专门的防水标签记录木桩的出土信息，之后对其进行清洗和拍照，记录木桩的形状、尺寸、长度、直径和保存状况。此外郑老师还对卞家山遗址的其余木桨、建筑构件、木屐、漆木器和木陀螺等木制品共计 170 件及美人地遗址出土的护岸木板和垫木以及遗址中的木桩等 88 件树木遗存进行了材质鉴定。

卞家山遗址鉴定出 22 科 40 种树木遗存，其中落叶阔叶树 16 科 26 种，常绿阔叶树 4 科 10 种，常绿针叶树 2 科 4 种；美人地遗址鉴定出 9 科 16 种树木种类，其中落叶阔叶树 11 种，常绿阔叶树 4 种，常绿针叶树 1 种。从树木属性构成看，卞家山遗址的树木遗存中以落叶阔叶树木最多，有 98 件，约占 57.6%；常绿阔叶树木有 60 件，约占 35.3%；常绿针叶树木有 12 件，约占 7.1%。美人地遗址的树木遗存中以常绿阔叶树木最多，有 41 件，约占树木遗存总数的 46.6%，其次是落叶阔叶树木，有 37 件，约占 42.0%，针叶树仅见马尾松，而且比例也小，约占 11.4% 。

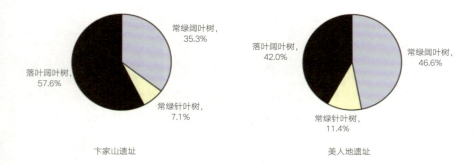

常绿阔叶树,
35.3%

落叶阔叶树,
57.6%

常绿针叶树,
7.1%

卞家山遗址

落叶阔叶树,
42.0%

常绿阔叶树,
46.6%

常绿针叶树,
11.4%

美人地遗址

卞家山和美人地遗址的树木遗存成分构成

　　从卞家山遗址鉴定出的木材种类有一个很有意思的现象：建筑构件一般采用杉木、桑等材质较轻、抗拉强度较大的木材。15件生活器具中有9件为楝树，3件为栲树，1件为樟树，另外还有黄檗、桑树各1件，表现出明显的材质选择取向。特别是遗址中出土的觚形器、木盘、木豆等漆木器均采用楝树、樟树等木质细腻、硬度不大，适合雕凿的木材，做出来的容器漂亮细腻，制作省力。木铲、木桨因为要高强度地使用，所以良渚人在制作这些工具时一般选用硬度大、抗压性好、抗弯曲性好的麻栎、青冈等木材。而玩具木陀螺采用的树木种类比较多，他们对制作玩具的材质并不挑剔，只要是可以做陀螺玩具的木材都可以拿来用。

　　美人地遗址木构遗迹以横木和枕木承托，材质的选择有鲜明的特点。枕木是建筑物的基础，既承受上部建筑构件的重量，又与湿地地基直接接触，对木材的防腐性和抗压性要求较高，松木耐腐、抗压强度较高，能满足作为枕木用材的需要，所以四根枕木的用材均为马尾松。三根横木的用材均为麻栎，因为枕木之上的横木受力主要来自上层木板的压力，对耐腐性要求相对不太高，对木材的抗压性和抗弯曲性要求提高，麻栎抗压强度较高，抗弯曲强度大，所以能满足横木对木材材质的要求。而竖立的木板可能主要起到围栏作用，受力强度较小，对木材的材质要求也不是特别严格，所以竖立的木材用材表现出多样性，有樟、桑、山核桃、麻栎、核桃楸、春榆、糙叶树、马尾松、玉兰、红椎、桦树等树种。

　　卞家山遗址的出土木器和美人地遗址木构建筑的用材特点反映良渚文化时期先民已经对各种木材特点有了相当多的感性认识，并能根据器物用途、工艺要求，以及建筑物承重受力特点和环境条件来选用合适的木材。

单个草包泥

（四）建筑神器——草包泥

　　"草包泥"，只是考古人员后来起的名字，形象地概括了这个一开始并没有被注意到的"东西"。草包泥也叫"草裹泥"，顾名思义，就是一束束的草里面裹了一块块淤泥。这样不起眼的一堆又一堆的草包泥堆叠在一起，被上面层叠的土覆盖，遍布良渚人曾到过的地方。

钟家港中区土台剖面上可以清晰地看出草包泥堆筑层

　　直到 2009 年，在杭州余杭区瓶窑镇彭公村岗公岭挖山取土时，它们才露出头来。刚发现草包泥的时候，考古人员并不知道此为何物，因为之前似乎没有见过类似的东西，而在岗公岭被发现，是由于外面包裹的草没有腐烂，形成了一条条界限分明的纹路，这些纹路就是刚出露的草，颜色鲜明，仿佛没有时间留下的痕迹，但遇空气转瞬变黑。从取土留下的剖面上可以清楚地看到，下部土质为青淤泥，上部是黄土，根据堆筑方式和土质结构，考古人员初步判断岗公岭是良渚人堆筑的拦水的水坝。现场还采集到一些良渚时期的陶片。为了验证这个推测，考古人员还取了 3 个草叶的样本送到北京大学考古年代学实验室进行碳十四测年，得出的年代为距今 4900 年左右，这无疑证明了岗公岭就是良渚时期人工建造的水坝。岗公岭的草包泥被发现之后，考古人员就开始留意这类特殊的遗存，有了寻找水坝和草包泥的经验，他们陆陆续续找到了老虎岭、鲤鱼山、狮子山等良渚时期的水坝，都用了草包泥堆筑的方式。在见识到如此多的草包泥之后，考古人员回忆起来才恍然大悟：草包泥并非新发现，卞家山遗址以前被忽略掉的也应该是此类遗物。

为了清楚地了解草包泥的结构和制作，考古人员取了西坡的一些草包泥带回实验室进行研究，研究用了大植物遗存和植硅体分析方法。

（1）选取草包泥外部包裹的形态保存相对完整的植物茎秆，小心浸泡清洗，之后用体视显微镜进行观察和种属鉴定。

（2）选取 3 个草包泥里面的土样进行浮选，将得到的植物种子放至显微镜下鉴定种属。

（3）取草包泥外部的植物茎秆清洗、烘干、称重、灰化；取内部的一些土烘干，用研磨棒将烘干的泥土研磨成末，每个样品称取 1 克

良渚古城遗址现生荻草，秋季开花

放入 12 毫升的玻璃瓶中，加入 30 万颗粒径约 40 微米的玻璃珠（重
0.0225 克）和 30% 的过氧化氢溶液，然后在超声波清洗槽内振荡 20
分钟；取出样品，利用真空抽滤瓶进行重复水洗和沉降（12 次），抽
掉粒径小于 20 微米的粒子，待上清液澄清后，将沉降在玻璃瓶中的
残留物放入烘箱内干燥；制片后在显微镜下放大 200 倍和 400 倍进行
观察鉴定，在观察中统计同一个视野下的植硅体和玻璃珠数量，进而
计算每克土壤中的植硅体密度。

草包泥外层的茎秆节部膨大，似有根点，有腋芽，经比对发现是
茅荻（*Triarrhena lutarioriparia*）。

草包泥内部的土样当中浮选得到的植物遗存并不多，主要有炭化
稻米及一些湿地植物茅荻、水毛花、酸模等。除了植物种子，还发现
了贝壳和螺蛳壳留下的印痕。

在对草包泥内部土样的植硅体分析中发现了很多芒荻类、水稻和
芦苇的植硅体，说明这些泥多是取自生长有芦苇、芒荻类植物的近水
区域。外层的植硅体以芒荻类为主，说明外层的草应该是采自芒荻植
物生长茂盛的区域。

了解了草包泥的构造之后，我们就可以尝试进行复原了。在考
古工作者的指导下，瓶窑镇当地的师傅成功做出了一批草包泥。步骤
如下：

（1）用木臿（按照遗址里出土的木臿做的复制品，模拟良渚人的制作场景）挖取沼泽地的淤泥。

（2）将泥块裹入事先割好的荻草中。

（3）将细竹子削成竹条留作绑缚材料。

（4）用竹条捆扎草包泥。

（5）草包泥制作完成，垒砌。

　　良渚人就用这些简单易得的材料做成草包泥，外面包裹着草叶的泥块搬运时不会彼此粘连，方便传递和运输①。我们在彭公老虎岭水坝那里的剖面上可以清楚地看到草包泥垒筑叠压的痕迹。良渚水利系统有拦水蓄水的功能，在水坝的迎水面用草包泥堆筑，水渗透时草叶相当于加强筋，彼此会更紧实地贴在一起，能起到防止坍塌的作用，现在的防洪所用的沙袋实际性质上就相当于草包泥。单纯用土来夯筑，

① 　王宁远：《从村居到王城》，杭州出版社，2013 年，第 159 页。

老虎岭水坝剖面草包泥的分垄现象

松散的土彼此不容易快速稳固，工程量也会大大增加。而草包泥可以
预先在各个地方制作好，再经船运过来，大大节省了搬运原材料及统
一制作的时间。草包泥的原材料荻草在沼泽地、小河边等湿润的地方
随处可见，挖取淤泥土的时候割下一捆草便可快速做成一个草包泥。
分散制作、陆续搬运到水坝处进行建筑，这种流程在老虎岭水坝的剖
面上得以验证。刚看到剖面的时候，五千年的草茎早已朽成黑色，只
觉得一块块的草包泥层层叠叠，看得人眼花缭乱、无比赞叹，更多的
细节并未注意到。后来清理好剖面时，突然发现虽然一整面"墙"都
是草包泥，但出现了像城墙垫石一大块一大块的"分垄"现象。意思

再明确不过了——这些土或者说这些草包泥不是一个地方的，而是分批分地点运来的，每个小区块里的草包泥应该就是一船的运载量。

　　通过植物考古浮选法，我们在草包泥里发现了荻草的种子，而荻草在 10 月份左右才成熟结籽，说明割荻草制作草包泥的时间是在秋季，那么修筑水坝应该就是农闲的秋冬时节了。《管子·度地》中齐桓公问管仲防备五害（水、旱、风雾雹霜、瘟疫、虫）的方法，管仲说以水害最大，"置水官，令习水者为吏"，"阅具备水之器，以冬无事之时"，"常以冬少事之时，令甲士以更次益薪，积之水旁"，"春三月，天地干燥，水纠列之时也。山川涸落，天气下，地气上，万物交通。故事已，新事未起，草木萌生可食。寒暑调，日夜分，分之后，夜日益短，昼日益长。利以作土功之事，土乃益刚……"我国属于季风气候，北方夏季多雨，冬春少雨，南方地区春天则多雨。在农事活动少的秋冬季节准备各种材料，不耽误农业生产。春耕之前修筑水利设施，此时天气干燥，水少流细，山河处于枯水期，基本处于浅水或无水状态，有利于做土工。